Roberto Sarmento Lima

Sérgio Simka

Ítalo Meneghetti

Diálogo entre literatura e gramática não é um bicho-de-sete-cabeças

Observação: Os textos reunidos neste livro foram previamente publicados nas revistas *Conhecimento Prático Língua Portuguesa* e *Conhecimento Prático Literatura*, editadas pela Editora Escala, de São Paulo-SP.

EDITORA CIÊNCIA MODERNA

Diálogo entre Literatura e Gramática não é um Bicho-de-Sete-Cabeças

Editor: Paulo André P. Marques
Produção Editorial: Aline Vieira Marques
Capa: Daniel Jara
Diagramação: Daniel Jara

FICHA CATALOGRÁFICA

SIMKA, Sérgio (Coordenação); LIMA, Roberto Sarmento; MENEGHETTI FILHO, Ítalo.

Diálogo entre Literatura e Gramática não é um Bicho-de-Sete-Cabeças

Rio de Janeiro: Editora Ciência Moderna Ltda., 2021.

1. Literatura 2. Gramática
I — Título

ISBN: 978-85-399-1052-6

CDD 372.64
372.61

Editora Ciência Moderna Ltda.
R. Alice Figueiredo, 46 – Riachuelo
Rio de Janeiro, RJ – Brasil CEP: 20.950-150
Tel: (21) 2201-6662/ Fax: (21) 2201-6896
E-MAIL: LCM@LCM.COM.BR
WWW.LCM.COM.BR

04/21

Sobre os Autores

Roberto Sarmento Lima

Professor Associado 4 da Faculdade de Letras, da Universidade Federal de Alagoas, onde ensina Teoria da Literatura. É autor de *Manuel Bandeira: o mito revisitado*, pela Editora Tempo Brasileiro, do Rio de Janeiro, em 1987 (primeiro prêmio do Concurso Nacional Manuel Bandeira, promovido em 1986 pelo Ministério da Cultura/Fundação Pró-Memória). É doutor em Literatura Brasileira pela Ufal.

Sérgio Simka

Mestre e doutor em Língua Portuguesa pela Pontifícia Universidade Católica de São Paulo (PUC-SP). Professor universitário desde 1999. Possui mais de cinco dezenas de livros publicados.

Ítalo Meneghetti

Ítalo Meneghetti nasceu no Rio de Janeiro, concluiu o curso de doutorado em Ciência da Literatura (Teoria Literária) pela UFRJ, com tese por defender em outra instituição; é mestre em Ciência da Literatura (Teoria Literária) pela UFRJ; especialista em Planejamento Ambiental pela UFF; oceanógrafo pela UERJ; filósofo pela UFRJ. É professor universitário e pesquisador na área de Teoria Literária na interface com as áreas de Humanidade, Filosofia e Ambiental desde 1989.

Apresentação

Nesse quadro de relações que sempre se podem verificar entre o desempenho linguístico de um texto e, se for o caso, as particularidades estéticas do discurso literário, o professor Roberto Sarmento Lima chama especial atenção para o deslindamento dessa inextrincável combinação de objetos comuns à realização da linguagem. E não é de estranhar, visto que um texto, independentemente da classificação que se possa dar a ele, é feito de palavras, períodos, parágrafos – enfim, de *discurso*. Um texto, qualquer texto, justamente por ser também apreciado em suas convenções, é dotado de regras básicas de organização e funcionamento. Por exemplo, o primeiro ensaio de Roberto Sarmento, presente nesta coletânea, intitulado "Um enterro e a história do Brasil" (*Conhecimento Prático Língua Portuguesa*, nº 21), toma como foco o poema "Momento num café", de Manuel Bandeira, no qual, mesmo sendo apenas aparentemente exibida uma cena de encontro de amigos em um bar, absortos diante de um carro funerário que passa na rua em dado instante, pode ser ressaltado – pela escolha de palavras, de seus versos livres modernistas e também, ao fim do poema, de decassílabos heroicos – um período da história brasileira, a década de 1930, momento da produção do texto de Bandeira. Nessa ambiguidade estilística (que é, na verdade, uma escolha premeditada de palavras) é refletida a ambiguidade de viverem os brasileiros entre o ideal da liberdade política e a sua conformação a um regime controlador das liberdades individuais.

No artigo seguinte, "Ardis da memória" (*Conhecimento Prático Língua Portuguesa*, nº 41), Roberto Sarmento mostra que a escolha do verbo "lembrar" (e seu antônimo "esquecer"), em sua forma verbal de terceira pessoa, tendo como sujeito da oração não o efetivo sujeito que lembra ou esquece, o Bentinho de *Dom Casmurro*, de Machado de Assis, mas um fato que parece vir espontaneamente à memória desse suposto marido traído, pode representar um bem articulado ardil desse narrador, que, pintando para si mesmo um quadro de passividade e vitimização, como que a solicitar do leitor uma compreensão da sua casmurrice, só sabe se defender e acusar a mulher.

Em outro ensaio, "Folhas ao vento" (*Conhecimento Prático Língua Portuguesa*, nº 46), o autor, descrevendo uma situação concreta de leitura literária – no caso, de um poema de Arnaldo Antunes, "as folhas" –, vivida ao lado da filha, na ocasião com 7 anos de idade, defende que a prática de leitura pode ser teorizada tomando-se como base um momento específico dessa prática, cuja mediação, além do poema que se lê, é feita pela presença física dos leitores, da voz, do gesto... O poema de Antunes, com seus jogos formais, presta-se, assim, a essa análise.

Já no ensaio "A insustentável leveza do resumo literário" (*Conhecimento Prático Língua Portuguesa*, nº 47) Roberto Sarmento Lima estuda, com argumentos que respeitam a especificidade da construção do texto literário narrativo, a incoerência pedagógica que, muito disseminada nas aulas de literatura das escolas brasileiras, leva o aluno a acreditar na plausibilidade do chamado "resumo do romance". Se o texto tem de ser lido como tal pelo leitor em formação – esta é a regra suprema de quem envereda pela leitura literária da narrativa –, que deve atentar para a compreensão dos recursos de linguagem empregados pelo romancista, o resumo, ao tirar o texto original de sua forma premeditadamente calculada, só pode mesmo favorecer o desconhecimento de tal organização. É nesse sentido que o ensaísta condena a prática do resumo, por tudo mutiladora e profundamente inútil.

Visando à análise do sistema de pontuação, os dois últimos artigos de Roberto Sarmento Lima, aqui publicados, procuram mostrar que o sinal é mais do que um sinal: é um signo. É pleno de sentidos, como qualquer palavra. Não depende da pausa ou da respiração de quem escreve, primeiro porque é algo que só existe e funciona na escrita, não na fala, e, segundo, porque a pausa que se faz ao falar é por demais subjetiva, enquanto as regras para a utilização dos sinais obedece a regras bastante claras e objetivas. Além disso, a opção por um e outro sinal, na escrita de um texto, depende em geral das relações sintáticas estabelecidas nele e, de quebra, das intenções discursivas. Em "Segredos da vírgula" (*Conhecimento Prático Língua Portuguesa*, nº 50), Roberto Sarmento, analisando um fragmento de texto da revista *Veja*, mostra que a vírgula tem um uso que se pode chamar meramente gramatical e outro, expressivo, discursivo, fato que em geral as gramáticas não estudam. Por fim, o artigo "Vil, infantil, quase santo" (*Conhecimento Prático Língua Portuguesa*, nº 53) traz a análise de um texto do escritor Roberto Pompeu de Toledo, articulista fixo de *Veja*, que se espelha em um fragmento do romance de Lima Barreto *Recordações do escrivão Isaías Caminha*, pródigo no uso do ponto e vírgula. O uso constante do sinal, tanto em um quanto em outro, revela-se fortemente oportuno na hora de avaliar a conjuntura política nacional, de tempos diversos. O emprego do sinal reforça a sensação de simultaneidade de pequenas ocorrências desenvolvidas em um único cenário da vida política, com que ambos os escritores, distantes no tempo, mas próximos em sentimento, criticam a realidade brasileira.

Por sua vez, o professor Sérgio Simka apresenta quatro textos pensados na dimensão linguístico-discursiva, dois deles especificamente na área da gramática da Língua Portuguesa, em uma abordagem bastante pragmática, dir-se-ia, didático-pedagógica, uma vez que sua preocupação reside em levar aos cidadãos o conhecimento de que aprender Português pode ser motivador e altamente responsável por sua mobilidade na escala profissional.

Advogando a tese de que saber Português pode levar o cidadão a trilhar caminhos promissores, o artigo "Compromisso com a ascensão linguística" (*Conhecimento Prático Língua Portuguesa*, nº 46) relata uma sequência metodológica a partir de erros de português do cotidiano em diversos suportes, como jornais, revistas, panfletos, placas etc., fornecendo a alunos a oportunidade de não só favorecer que os conteúdos gramaticais vistos em aula ganhem uma abrangência maior, não permanecendo na teorização insossa, desprovida de entendimento, como também promover o que o autor chama de ascensão linguística, compreendida como o uso crítico e consciente da Língua Portuguesa para o desenvolvimento pessoal e profissional.

Se no artigo precedente o autor parte do princípio de que para se escrever qualquer texto, este começa pela palavra – daí o cuidado que o redator precisa ter para ser bem-sucedido –, o artigo seguinte, intitulado "O ofício de escrever" (*Conhecimento Prá-*

tico Literatura, nº 54), expõe alguns pensamentos a respeito de como os escritores arregimentam as ideias para poderem escrever livros que permitem que seus leitores fiquem embasbacados e os aprendizes de escritores aparvalhados, deixando claro que para se configurar como escritor o indivíduo necessita observar a realidade como se estivesse enxergando-a pela primeira vez, colorindo-a conforme seu olhar passeia por extensões imagéticas apreendidas apenas por quem se dispõe a fazer da curiosidade seu baluarte mais precioso.

Já no artigo "Apesar do professor ser chato, eu gostava das aulas dele" (*Conhecimento Prático Língua Portuguesa*, nº 16), Simka discute a expressão muito comum no dia a dia, que, segundo a gramática, apresenta erro de regência preposicional do sujeito. No entanto, traz ponderações referentes ao uso apropriado de tal expressão, mostrando a flexibilidade de interpretação a que uma expressão pode estar sujeita, mesmo em se tratando de situações linguísticas cotejadas à luz da própria gramática, e não da linguística.

No último artigo, "E você, pede como?" (*Conhecimento Prático Língua Portuguesa*, nº 20), o autor analisa as diferenças que se estabelecem entre as expressões "pedir para" e "pedir que", pois, conforme o senso comum, ambas se equivalem. Mais uma vez, existe polêmica no uso de tais expressões, posto que escritores renomados se utilizaram da construção "pedir para" em vez de "pedir que". Como se vê, tanto naquele quanto neste artigo, estamos às voltas com idiossincrasias gramaticais.

A partir de uma assinatura fortemente humana, os textos da lavra do professor Ítalo Meneghetti procuram chegar ao sujeito que escreve, detrás da palavra. Para ele, tão importante quanto o texto é a pessoa que escreve e a sua trajetória. Seja produzindo *teoria literária*, ou *crítica analítica*, quer seja *crítica genética*, ou ainda *estudos comparatistas*, *poéticos* ou mesmo *semióticos* no âmbito da Ciência Literária, o presente articulista entende que cada um desses segmentos científicos sobre o texto literário devem vir à luz impregnados da limpidez das lágrimas e da força do sangue no olhar e é a partir desse *DNA literário humano* autoral, presente na matéria lexical e no *quantum* poético que dão corpo e espírito à palavra que Ítalo intui, pensa, reflete, escreve, transpira e chora sobre o seu texto alcançando a epifania, decorrente do manejo intuído, pensado e sentido da palavra literária: a mais complexa; a mais rica; a mais vulgar e também a mais nobre; revestida de simplicidade e erudição; profana e sagrada; litúrgica, mas também despojada de ritos, desritual; a mais próxima; a mais humana.

Aqui reunidos, sob a responsabilidade autoral de Ítalo Meneghetti, são apresentados oito textos situados no gênero *artigo de opinião*. E assim, os artigos foram escritos como peças de uma ourivesaria humana pinçando com todo cuidado o que é pessoal na palavra autoral e revestindo cada autor da carne que lhe é própria em sua obra; a corporeidade dessa e, também, por que não, sondar das suas ausências, silêncios e imaterialidade, a sua alma.

No bojo disso são trazidos, aqui, para o leitor, quatro textos sobre pessoas e quatro outros, a partir de pessoas.

Na distribuição, nesta obra, o ledor encontrará inicialmente quatro artigos escritos a partir de pessoas sobre o sentido, a ambiência e a cidadania relacionados ao fazer (e ser) literário. Depois, na sequência, o legente se deparará com outros quatro artigos centrados na pessoa que escreve: a sua origem, a formação, o cotidiano e o jeito de lidar e conviver com e a partir da palavra literária.

Em "Qual o sentido de fazer e ler literatura no mundo de hoje?" (*Conhecimento Prático Literatura*, nº 30), o articulista centra a discussão na fronteira movediça da possibilidade de um papel de suma importância sobre o exercício da arte literária em sua concepção, escritura e consumo no século XXI.

"O escritório do escritor" (*Conhecimento Prático Literatura*, nº 36) é artigo no qual Ítalo Meneghetti convida o público a acompanhá-lo por instigantes incursões na intimidade dos locais de onde escrevem ficcionistas e poetas do porte de Antônio Torres, João Ubaldo Ribeiro, Ferreira Gullar, Salgado Maranhão e Ítalo Moriconi. O texto, na verdade, é um percurso por esses espaços em todo o seu teor de poética. Viagem singular. Imperdível.

No artigo "A sala de aula como oficina de literatura" (*Conhecimento Prático Literatura*, nº 38), o articulista apresenta para os interessados a sala de aula como ambiente dinâmico de trabalho com ferramentas oriundas da literatura, mostrando que esta também encontra forte sentido de realização educativa e prática na construção e disseminação de conhecimentos na escola.

"Literatura cidadã" (*Conhecimento Prático Literatura*, nº 31) é título do artigo que traz à baila o assunto tão atual e urgente, hoje, sobretudo no Brasil, sobre a necessidade da construção de cidadania para o sujeito de um estado, se verdadeiramente se almeja uma nação. Ítalo Meneghetti apresenta a literatura como um dos principais instrumentos de consciência e formação cidadã no indivíduo e consequentemente na sociedade.

Em "Antônio Torres: um escritor com um pé na estrada e outro na linguagem" (*Conhecimento Prático Literatura*, nº 25), o articulista apresenta para o legente o homem Antônio Torres detrás da obra ficcional e, na qualidade de cientista literário, teoriza alguns rabiscos sobre a forte e poética escrita romanesca itinerante no espaço e no léxico, desse que é uma das mais fortes inspirações criadoras da literatura brasileira dos últimos quarenta anos e, agora, um dos mais brilhantes e atuantes acadêmicos da *Academia Brasileira de Letras (ABL)*, eleito por praticamente unanimidade, numa tarde de uma quinta-feira de novembro de 2013 e devidamente assentado na Cadeira 23 que pertenceu da primeira vez a Machado de Assis.

No artigo "A escrita híbrida de Alberto Pucheu" (*Conhecimento Prático Literatura*, nº 27), Ítalo Meneghetti chama o leitor para sondar alguns rastros do hibridismo desse que é um dos mais intensos e humanos dos nossos teóricos da literatura, hoje, no Brasil e, não somente teórico, mas sobremaneira, poeta de urbana lavra, praticamente toda esculpida e lapidada nas pedras e argamassas seculares dos espaços da cidade do Rio de Janeiro e, também, do aço, concreto, vidros e plásticos da modernidade avançada da metrópole carioca.

"Heins Dieter Heidemann um viajante de João Guimarães Rosa entre a literatura e a geografia do sertão" (*Conhecimento Prático Literatura*, nº 28) é artigo no qual o articulista Ítalo Meneghetti convida o leitor para conhecer um pouco da paixão do geógrafo alemão e professor da Universidade de São Paulo (USP) por João Guimarães Rosa e o seu sertão. Dieter, inteiramente radicado e ambientado no Brasil, adentra por meio do texto literário do Rosa inusitados espaços do sertão rosiano, aproximando ainda mais a passagem entre Geografia e Literatura, em aproximação mais do que desejável na obra de um escritor marcado por rara escrita lexical e geográfica.

Em "Salgado Maranhão, o lapidador de palavras" (*Conhecimento Prático Literatura*, nº 29), texto de caráter ensaístico, o articulista, acompanhado do leitor, caminha para dentro da criação poética de Salgado Maranhão, hoje, um dos mais inspirados, dedicados e hábeis poetas no manejo lexical poético da língua portuguesa brasileira, no buril do sentimento humano, do qual Salgado é pleno, não somente em seu labor literário, mas, sobretudo, em seu cotidiano de homem afeito às paixões e arroubos do viver. O artigo apresenta o poeta dentro do homem Salgado Maranhão.

Sumário

Artigos de
Roberto Sarmento Lima

Um Enterro e a História do Brasil[1]

Suspeita o leitor que um simples enterro, motivo detonante de um poema, possa revelar episódios da história do Brasil, mesmo que nada nos versos pareça sugerir isso? São intrincadas e aparentemente insondáveis as ligações entre literatura e história, cujos entrelaçamentos são, às vezes, sutis, tão sutis que parece que o texto discorre sobre outra coisa. No extremo oposto — o chamado *poema participante* ou declaradamente *engajado* —, tais relações são mais explícitas, não restando dúvida de que se focaliza um fato real, como é o caso de "O navio negreiro", em que Castro Alves, lá no século XIX, pinta liricamente a vinda dramática dos negros ao Brasil, em situação bem conhecida da nossa história.

Manuel Bandeira, em "Momento num café", retirado de sua coletânea *Estrela da manhã*, de 1936, visita, sim, a história do Brasil, se o meu argumento crítico puder ser aqui tido por legítimo. Voltemos à época da produção do poema, a década de 1930, na qual os brasileiros da classe média, mesmo os mais jovens, andavam nas ruas da cidade com seus ternos e chapéus, macaqueando, nos trópicos, a elegância europeia, dando-se ares mais circunspectos e sérios, ainda que, assim vestidos, estivessem a divertir-se em um bar. Vejamos, pois, a cena representada pelo poeta:

> Quando o enterro passou
> Os três homens que se achavam no café

[1] Ensaio publicado na revista *Conhecimento prático língua portuguesa,* nº 21, pela Editora Escala, de São Paulo, pág. 34-40 [jan./fev. 2010]

> Tiraram o chapéu maquinalmente
> Saudavam o morto distraídos
> Estavam todos voltados para a vida
> Absortos na vida
> Confiantes na vida
>
> Um no entanto se descobriu num gesto largo e demorado
> Olhando o esquife longamente
> Este sabia que a vida é uma agitação feroz e sem finalidade
> Que a vida é traição
> E saudava a matéria que passava
> Liberta para sempre da alma extinta.

Uma das virtudes da composição literária é reinventar de tal modo o mundo, que não raro o texto se desvia daquilo que seria o seu foco primeiro. Ou dizer o que pretende dizer por meio de uma situação que, ao menos na aparência, se configura alheia ao seu propósito comunicativo fundamental, a ser desentranhado pelo leitor mais arguto. Assim, muitas vezes o enigma do texto literário não se revela de imediato nem tão facilmente, por mais que o escritor se sirva de palavras muito simples e descreva uma inequívoca cena realista tirada do cotidiano mais banal.

Em "Momento num café", o recôndito do texto — que não é, pois, essa cena do bar, isso é só fachada, como veremos — pode chegar, sim, a ser decifrado. Mas sob certas condições, porquanto o mundo representado disfarça, como em um palimpsesto, o quadro histórico subjacente à cena que foi selecionada para figurar na superfície do texto, o que torna mais árdua, sem dúvida, a interpretação.

Expressão da Monotonia

Que informa, então, esse poema de Bandeira? Permita-me, leitor, pequena paráfrase, antes de avançar no comentário: três homens jogam conversa fora em um café, quando, de súbito, passa um cortejo fúnebre, tirando-lhes momentaneamente o gosto do divertimento, sem provocar, no entanto, maiores alterações de humor. Isso porque, embora tivessem tirado o chapéu em pretenso gesto de respeito ao morto, estão é de fato pensando na vida e no prazer fugaz gasto na mesa do bar. Apenas um deles, aproveitando o acontecimento, foi capaz de refletir sobre o que é a vida e a morte, esse velho conflito que, de vez em quando, nos faz mais pesarosos e pessimistas. Até aqui, como o leitor pode perceber, nenhum sinal, menor que seja, de alusão a fatos ou a temas da história brasileira.

Mas, em literatura, a *forma* — que é igualmente conteúdo — diz mais do que as palavras efetivamente gravadas na camada mais externa do papel. Note o leitor por enquanto que, lidos os primeiros versos, se entra em contato com o estado de indiferença pelo humano, mesmo diante do considerável fenômeno da morte:

> Quando o enterro passou
> Os três homens que se achavam no café
> Tiraram o chapéu *maquinalmente*
> Saudavam o morto *distraídos*

Nessa primeira estrofe, em consonância com a ideia de distração em relação ao destino do próximo, repete-se, com certa ênfase, uma estrutura sintagmática, igualmente pálida e desinteressante ("para a vida", "na vida", "na vida"), cuja ausência de variação lexical contribui para acentuar o ritmo arrastado com que se mimetizam a despreocupação e o alheamento dessas personagens:

> Estavam todos voltados *para a vida*
> Absortos *na vida*
> Confiantes *na vida*

Do ponto de vista da forma, o que isso sugere? Desleixo verbal? Desapreço pelo poema? Descuido com a alternância das palavras e sinônimos? Há várias hipóteses de leitura para o entendimento desses versos monótonos, repetitivos. Uma, por exemplo, lembra que o desfrute da vida, interrompido por um fato constrangedor do prazer — o enterro —, segue, apesar disso, tranquila e fastidiosamente. A morte não foi aí sentida como fato grave e pesaroso; mas, banalizada como qualquer desfile de rua, é vista apenas como breve suspensão da alegria.

Manuel Bandeira, que, quando criança, deixou a provinciana Recife para ir morar no Rio de Janeiro, foi capaz, já na década de 1930, então com 50 e poucos anos de idade, de verificar mais de perto o que é viver longe do estreito mundo nordestino, realidade sociocultural ainda identificada com a mentalidade telúrica e as estruturas caducas do século XIX. A essa altura, abria-se, para o poeta, a vivência urbana e cosmopolita de uma cidade, o Rio, naquela ocasião a capital da República, que já vinha experimentando, perto de 1900 e depois, os primeiros passos em direção à perda do sentido da vida comunitária e simbolizava, desse modo, o coração de um país que buscava alcançar, nas circunstâncias mais improváveis do cotidiano, sua libertação do passado colonial.

Pode-se dizer que nossa entrada na modernidade foi tímida, contraditória, cheia de tibiezas e ambiguidades. Uma coisa que se via naquele momento era a necessidade de avançar econômica e culturalmente e, desse modo, ombrear com o mundo civilizado. Sinal disso, entre outras coisas, é reunir amigos em um "café", designação por demais sofisticada para dizer "bar" (às vezes com decoração *art nouveau*, às vezes mero botequim), se pensarmos no modelo da vida parisiense que nos fornecia inspiração de hábitos, moda, linguagem, estilo de vida. Nesse contexto assumia-se também a manutenção das velhas regras da educação formal — tirar o chapéu diante do morto, por exemplo, por mais que isso não signifique nada a quem faz esse gesto. Hipocrisia? Não, apenas representação de costumes da vida urbana. Daí, paradoxalmente, certa apatia, ou desatenção ("Saudavam o morto distraídos"), em meio à reflexão sobre as coisas tidas por transcendentes e profundas ("Este sabia que a vida era uma agitação feroz e sem finalidade"). Uma mistura, pois, de cinismo e sobriedade, indiferença e comedimento.

Outro sentido para esses versos revela o quanto há de mecânico nas ações do homem, não apenas o brasileiro, mas o homem ocidental do século XX. Este já se mecanizou, resultado da vida moderna, para a qual a individualidade em si mesma não conta tanto. Autômato entre autômatos ("Tiraram o chapéu maquinalmente", cena que poderia se integrar, em sua essência, às imagens do filme *Tempos modernos, de* Charles Chaplin, coincidentemente produzido em 1936, mesmo ano da publicação de *Estrela da manhã*, em cujas páginas se encontra o poema de Bandeira aqui analisado), o homem, na selva capitalista, apenas observa, contempla o espetáculo da vida; é ele um anônimo na multidão —

tema da poesia desde Baudelaire.

Seja, por um lado, a compreensão da existência em um Brasil que transita entre a mesmice do atraso e o turbilhão da cidade em que o país tenta enfim se encontrar, seja, por outro, a estúpida mecanização da vida social sob o capitalismo —, temos, em ambos os casos, a *expressão da monotonia*, que contamina a poesia e a urbe na mesma proporção. Esse poema de Bandeira pode ser mais bem avaliado se o meramente individual e particular, como diz Theodor Adorno no ensaio "Discurso sobre lírica e sociedade", se dissolver naquilo que esse pensador chamou de "voz da humanidade", a que o poema lírico, mesmo o mais pessoal, nunca está imune.

Portanto, o que se depreende é que o eu lírico de "Momento num café", qualquer que seja o sentido que lhe possa ser atribuído, não nos fala somente, no fim de tudo, dos próprios sentimentos nem exclusivamente os toma por base, mas os envolve na vida da cidade e, também, nos altos destinos do gênero humano:

> Este sabia que a vida é uma agitação feroz e sem finalidade
> Que a vida é traição

Falsa Oposição

A década de 1930, no Brasil, onde repercutiu a crise internacional desde a quebradeira econômica de 1929 nos Estados Unidos, com o consequente recuo da produção e do consumo, é terreno propício à manifestação da luta ideológica importada dos centros mais avançados do planeta: militância comunista e adesão ao fascismo. Principalmente com Getúlio Vargas no poder — um ditador que, de dia, se mostra aberto às inquietações populares, criando leis trabalhistas, por exemplo, e, de noite, usa o aparato policial para reprimir reivindicações políticas tidas por subversivas — acende-se, entre nós, o recrudescimento das contradições do país metido a moderno. Estilo personalista de coronel na hora de governar, com toda a brutalidade que isso possa querer dizer (marca do nosso atraso e descompasso com o moderno), e, ao mesmo tempo, aparência simpática de Pai da nação, atualizando as modalidades arcaicas do trabalho em um país de frágeis instituições sociais: eis, em resumo, a Era Vargas, que criou condições favoráveis ao franco espelhamento de nossas contradições.

Nas classes medianas, o apego às convenções em virtude do medo da ruína total impelia o cidadão comum a certo conservadorismo, enquanto operários e militares, descontentes com o baixo padrão de vida, lutavam idealisticamente por um Brasil mais adequado às aspirações pequeno-burguesas. A saída, para uns, é o recolhimento ou o exercício do desdém disfarçado em ritual solene ("Saudavam o morto", sim, mas "distraídos"); para outros, é a reflexão, o enfrentamento e o duro exercício da consciência ("Este sabia que a vida é uma agitação feroz e sem finalidade").

A segunda estrofe de "Momento num café" perfaz o caminho desse dualismo, que se expõe e aclara o sentido das nossas desigualdades, se bem que engastadas em um falso problema, aqui travestido da oposição vida-morte. O poema — cujo motivo aparente é um enterro perturbando a descontração e a alegria de três homens em um bar — simula, pois, querer falar tão somente disso; e, no limite, aproveitando esse episódio, discutir a vacuidade da existência. Mas vai muito além desse mero embuste: quer, na realidade, é retratar nosso ser social, nosso modo histórico de encarar o Brasil.

Nos últimos versos, Manuel Bandeira — ajudado pela falta de pontuação, regra de ouro modernista para deixar mais leve e fluido o dizer e criar ritmos mais soltos e mais desconectados com a prisão das normas gramaticais — dispara a sua contradição máxima, capaz de gerar um conflito interpretativo. O que é que estava, afinal, sendo celebrado? A vida? Ou a morte? Podemos ainda perguntar: também a alma, ao mesmo tempo que o corpo, se extinguiria com a morte, como parece dizer o último verso, numa versão cristã demonizada por profundo sentimento materialista?

> E saudava a *matéria* que passava
> Liberta para sempre da *alma* extinta

"A matéria que passava" era, não há dúvida, o corpo do defunto, enfim liberto "da alma extinta", conforme está dito nos versos. E se, entretanto, por um capricho da inversão sintática (não por motivo de rima, que não há, mas por ritmo, cadência), o adjetivo "extinta" não se estiver referindo à *alma*, mas, antes, à *matéria* (coincidente e propositadamente dois substantivos femininos, só para criar a confusão)? Recompondo a frase — um remanejamento que, infeliz, poderia até decretar a ruína da musicalidade do verso —, teríamos algo como "E saudava a matéria que passava / liberta, para sempre extinta, da alma".

Se a ausência de vírgulas, com efeito, torna mais frouxo o verso, também emperra a sua decifração (já dá para notar que não é fácil ser moderno, é até "chato", como diz Carlos Drummond de Andrade no poema "Eterno"); e gera, em troca, essas ricas possibilidades de leitura. Se houvesse uma vírgula antes de "extinta" ("liberta para sempre da alma, extinta"), o leitor não teria outra opção de sentido: quem se extinguiria seria mesmo a matéria. Mas, aí, claro, a ambiguidade do texto, além do ritmo, seria sacrificada.

O leitor já desconfia que essa discussão é fogo de palha: ela diz respeito, na verdade, às *liberdades* políticas, sociais em um país que distrai o cidadão, engana-o e o desvia da contemplação e da ação diante dos temas mais candentes e comezinhos: a vida na cidade, em seu trânsito de coisas (metaforizado na "matéria que passava liberta"), e a reflexão agônica diante do amanhã (simbolizado pela "alma extinta", totalmente sem esperança e sem futuro, ou simplesmente "alma" e seus mistérios e dúvidas, se se considerar que "extinta" se refere à matéria).

O Enrijecimento do Poema

Pobre poeta modernista! Falsa libertação! Nem no poema se está sozinho ou livre das pressões da história. O Brasil da década de 30, mergulhado no nascente fenômeno da industrialização, ensaia uma adesão à ordem planetária e a salvaguarda da ordem política local, seja pelo comunismo, que parecia amansar as massas rebeldes, carentes de comida e habitação, seja pelo enquadramento delas no capitalismo, que prometia indistintamente a liberdade individual e o progresso material. O resultado disso tudo, no interior da classe média temerosa por seu destino ("alma extinta" ou "alma" somente?), foi — e ainda é — apaziguar o homem médio (aquele que frequenta os bares da vida), harmonizá-lo com o sistema dominante, levá-lo a fazer o pacto com o poder, que, no fim, o enrijece e desfaz-lhe a rebeldia.

Eis, então, que os dois últimos versos do poema — esse poema modernista sem rima e sem métrica regular, motivo de orgulho daqueles que romperam (romperam?) com o passado e revolucionaram (revolucionaram?) o presente — formam, apesar disso, um par metricamente homogêneo, causando surpresa num poema de versos livres. Trata-se de dois decassílabos heroicos, uma preferência clássica aristocratizante, os quais, ao fechar o texto, não estão aí por obra do acaso:

E / sau / da / va a / ma / *té* / ria / que / pas / *sa* (va)

Li / ber / ta / pa / ra / *sem* / pre / da al / ma ex / *tin* (ta)"

Com esse tratamento do verso, Manuel Bandeira — que um dia, um tanto rebelde, invectivou contra o "lirismo funcionário público" e contra todo o "lirismo que não é libertação" — dramatiza agora, sem carnaval ou ritmos dissolutos, o *status quo* da realidade brasileira. Os anos 30, ao contrário dos anos 20, foram, de fato, de acomodação estética, algo revelado, nesse poema, pelo inesperado engessamento da forma, em sinal evidente de que, mesmo vindo da barulhenta revolução modernista, Bandeira não sai muito do mesmo lugar e, de algum modo (mas não só ele nesse período), termina por se reconciliar com o passado mais remoto da vida brasileira.

Com isso, a defesa da libertação — da alma, ou da carne, do cotidiano vil, também dos versos metrificados, tudo junto —, ambiguidade gerada pela falta de pontuação, tributo pago à ousadia formal, entra em choque com a consciência da História, cuja sombra, ao fim, se impõe à feitura do poema e ao seu desfecho. Torna-se patente, *ao enrijecerem-se os versos finais*, que as forças conservadoras da nossa realidade histórica sufocam a resistência a tudo que está aí, assim como qualquer tentativa de transformação, tanto no plano do indivíduo quanto no da sociedade.

O enterro que passa, detendo por instantes a alegria do encontro de amigos em um bar, apenas lembra que a liberdade, em qualquer canto — na literatura ou na vida —, é um bem precário, provisório e constantemente ameaçado. Ao menos no contexto preciso dos anos 30 em diante, no Brasil, quando se desejava viver integralmente a vida moderna e, de repressão em repressão, se divisavam os entraves desse desiderato.

Ardis da Memória[2]

Só no segundo capítulo de *Dom Casmurro*, intitulado "Do livro" (muito mais neste do que em outros), aparecem, pelo menos, sete ocorrências relativas ao ato de *lembrar* (incluída aí, nesse rol, por sinonímia, a forma correlata *não esquecer*), mais alguns substantivos que têm ligação com esse significado. Para comprovar, enumero os exemplos que extraí, na ordem em que aparecem nesse capítulo de quase duas páginas:

1. Um dia, há bastantes anos, *lembrou-me* reproduzir no Engenho Novo a casa em que me criei na antiga Rua de Mata--Cavalos [...]

2. A certos respeitos, aquela vida antiga aparece-me despida de muitos encantos [...] e, *de memória*, conservo alguma *recordação* doce e feiticeira.

3. [...] *lembrou-me* escrever um livro.

4. [...] vou deitar ao papel as *reminiscências* que me vierem vindo.

5. Eia, comecemos a *evocação* por uma célebre tarde de novembro

6. que *nunca me esqueceu*.

[2] Ensaio publicado na revista *Conhecimento prático língua portuguesa*, nº 41, pela Editora Escala, de São Paulo, pág. 16-25 [mar./abr. 2013]

7. [...] mas aquela *nunca se me apagou* do espírito.

Grifo os termos e as construções mais importantes: "lembrou-me" (que aparece duas vezes, da mesma maneira), "de memória", "reminiscências que me vierem vindo", "evocação", "nunca me esqueceu", "nunca se me apagou do espírito". Visto que sempre interessam à análise os traços linguísticos que mais chamam atenção, a sequência (4) "vou deitar ao papel as reminiscências que me vierem vindo" é a que traz mais claramente o encontro de duas manifestações desse narrador ao encarar o papel do tempo e das lembranças atuantes sobre ele, que, ao revés, também atua sobre o tempo, embora pareça querer o tempo todo mascarar essa segunda participação sua no romance. Há, nessa frase, pois, um misto de atitudes: de um lado, voluntariedade de espírito, uma decisão determinada e tomada pelo sujeito no que toca à construção do livro ("vou deitar ao papel as reminiscências"), e, de outro, sua entrega, vaga e aleatória, ao sabor das lembranças que vêm e vão, como se estas não dependessem do esforço do sujeito de lembrar ("que me vierem vindo").

Bento Santiago, esse é o nome do narrador, simula abandonar-se às divagações, dando a entender que ele próprio não tem um rumo certo, uma meta a atingir com o seu relato, ao mesmo tempo que dá a impressão de que é necessário narrar e por isso escreve. Por que essa ambiguidade nas duas posições assumidas? Não haveria então uma contradição posta por elas? Aliás, ele deixa isso claro logo na abertura do capítulo LIX, "Convivas de boa memória":

> Há dessas reminiscências que não descansam antes que a pena ou a língua as publique. Um

> antigo dizia arrenegar de conviva que tem boa memória. A vida é cheia de tais convivas, e eu sou acaso um deles [...].

Bento declara ter boa memória, suficiente, pois, para compor o livro que pretende. Isso, por si só, justifica o fato de ele estar completamente apto a narrar o que passou, já que a capacidade de lembrar o ajuda muito, sem embaraços ou perturbações e enganos. No entanto, no parágrafo seguinte, do mesmo capítulo, diz algo que desmente o que disse antes:

> Não, não, a minha memória não é boa. Ao contrário, é comparável a alguém que tivesse vivido por hospedarias, sem guardar delas nem caras nem nomes, e somente raras circunstâncias. [...] Como eu invejo os que não esqueceram a cor das primeiras calças que vestiram! Eu não atino com a das que enfiei ontem.

Afinal, ele é ou não é bom memorialista? Tem ou não tem a capacidade de reter acontecimentos vividos outrora? Se nem se lembra mais da cor das calças que vestira no dia anterior a essa declaração, imagine-se o que seria evocar o passado, remoto ou mais recente. Mas ele tinha acabado de dizer que tinha boa memória, não foi isso mesmo? Propositadamente, Bento Santiago confunde o leitor, antes que ele mesmo se confunda e já não se mostre sabedor tanto assim de si mesmo. Eis um caso a examinar, a função da memória em livro tão lido e debatido por décadas.

Papéis Trocados

Nas demais frases tiradas do segundo capítulo, o ato de lembrar, ou de não esquecer, é referenciado por esses verbos mesmos, cujo sujeito — pasme, leitor! — nunca é Bento, mas uma coisa situada fora dele, ainda que relacionada com episódios da vida que relembra: "reproduzir no Engenho Novo a casa", "aquela vida antiga", "escrever um livro", "uma célebre tarde de novembro"... No entanto, sabe-se que querer reproduzir uma casa em outra ou escrever um livro são ações demasiadamente humanas que exigem planejamento rigoroso, discussão prévia. São ações que não existiriam se alguém já não tivesse isso em mente e não o fizesse de fato. Entretanto, a sintaxe que constitui o desvelamento do que aconteceu — da sua gênese à sua execução — é que é curiosa. O verdadeiro sujeito que teve a iniciativa de evocar esses fatos, o intrigante Bento Santiago, aparece obliquamente nas frases por meio de um minúsculo pronome pessoal, apenso ao verbo, quase imperceptível pelo seu tamanhozinho: "lembrou-*me*", "aparece-*me*", "nunca se *me* apagou do espírito". Assim, o sujeito real, Bentinho — tal diminutivo seria casual, leitor? —, narrador e protagonista desse romance da fase de maturidade de Machado de Assis, não é, na maioria quase absoluta das vezes, o *sujeito* da oração, ocupando antes a função de *objeto* indireto, através de um pronome oblíquo. E por que isso?

Já o que deveria ser o *objeto* da lembrança ou do esquecimento — escrever um livro ou recuperar, pela memória, uma célebre tarde de novembro — é que, extraordinariamente, assume a função de sujeito, em voz ativa do verbo. Inversão de papéis, disfarce da voluntariedade do homem; esmaecimento de sua presença no meio das ações destacadas; transferência das responsabilidades. Quem é esse Bento? Esse Bentinho que ora se mostra quase tão puro, ora parece esconder-se maliciosamente atrás das ações que ele mesmo realizou ou provocou?

Estranho isso, porque lembrar ou esquecer, ou, especificamente, não esquecer, para compor um livro de memórias, sempre é uma prerrogativa de quem se decide por isso. Diferentemente, algo externo — um fato qualquer, um cheiro, um som, um objeto, mesmo insignificante — também pode, muito casualmente, nos despertar a lembrança de um fato, como o informa o próprio Bentinho no início do capítulo LXXVI, "A explicação":

> Ao fim de algum tempo, estava sossegado, mas abatido. Como me achasse estirado na cama, com os olhos no teto, lembrou-me a recomendação que minha mãe fazia de me não deitar depois do jantar para evitar alguma congestão.

Aqui, Bentinho nada fazia, não puxava pela memória, antes descansava, parecia indiferente a tudo e a todos, deitado e aparentemente inerte, prestes a pegar no sono. O fato corriqueiro e sem importância alguma, como é esse estirar-se na cama, suscitou, nele, uma recordação: a advertência materna para não dormir logo após o jantar. Pelo grau de espontaneidade que há nesse quadro, é plenamente justificável que o verbo "lembrar" venha assim, como veio na frase, enunciado na terceira pessoa do singular, com um sujeito de oração representado por uma coisa e não por uma pessoa (ele, no caso, aquele que se lembrou disso):

"a recomendação que minha mãe fazia". Bento, justo aquele que recorda o fato, aparece nessa oração reduzido ao pronome pessoal do caso oblíquo "me", como das outras vezes. A diferença desta para as anteriores já mencionadas neste ensaio é que, agora, a lembrança se deu subitamente, sem que Bentinho tivesse feito algum esforço para lembrar. A lembrança foi espontânea. Daí o verbo "lembrar" aparecer adequadamente na voz ativa, com um sujeito não humano (o conselho de d. Glória ao filho).

O estranho é que o mesmo procedimento sintático ocorra em situações em que não há o menor sinal de espontaneidade. É só o leitor voltar ao início desta análise e conferir as sete frases destacadas do segundo capítulo de *Dom Casmurro*. Em todas elas, Bento *busca* lembrar-se: esforça-se, luta por isso; planeja algo, compromete-se em fazer alguma coisa que é a própria lembrança. Nesse caso, o natural — e o esperado, no bom português brasileiro — é converter a voz ativa do verbo em voz reflexiva e levar Bentinho, por exemplo, a dizer: *lembrei-me* de reproduzir no Engenho Novo a casa em que me criei na antiga Rua de Mata-Cavalos (e não "lembrou-me"); *lembrei-me* de escrever um livro (e não "lembrou-me"); *lembro-me* daquela vida antiga (e não "aparece-me"); *nunca me esqueci* de uma célebre tarde de novembro (e não "nunca me esqueceu", até porque, se quisesse esquecer a tal tarde, não teria conseguido). Nada é, portanto, espontâneo, casual; as lembranças não vêm quando querem, embora ele tenha dito isso ("reminiscências que me vierem vindo"), como se tivessem vida própria ou se se mostrassem casuais, sem a participação direta e incisiva daquele que provocou o seu aparecimento.

Uma Falsa Impressão?

Bento quer fazer crer que as reminiscências surgem quando elas menos se esperam, é o que parece. No enunciado (4) dá-se justamente, conforme fiz ver, o cruzamento das duas posições, como se o narrador tivesse falado demais e, assim, tivesse sido traído pela própria língua. Ele declara que vai deitar reminiscências no papel (o que é um ato voluntário), mas que estas vêm vindo, quando vêm. Outro lapso desse — se é que em literatura se pode falar de lapsos, em seu sentido psicanalítico, e não apenas de premeditações da forma e modalidades de fingimento — ocorre num dos últimos capítulos, o CXLV ("O regresso"), ao receber a visita de Ezequiel. Nesse momento, o filho suposto lhe pergunta se o pai se lembrava de determinado fato vivido por ambos na infância:

— Papai ainda se lembra quando me levou para o colégio? perguntou rindo.

— *Pois não hei de lembrar-me?*

— Era na Lapa; eu ia desesperado, e papai não parava, dava-me cada puxão, e eu com as perninhas... *(grifo meu)*

O leitor deve ter notado, pelo excerto acima, que Ezequiel se dirige ao pai como se este, mesmo em efetiva situação face a face em que se acham, não fosse a segunda pessoa do discurso, a pessoa *com quem* se fala, mas, sim, a terceira pessoa, aquela *de quem* se fala, ausente do ato comunicativo, apenas podendo, aí sim, ser mencionada. Não seria o artifício um reflexo do distanciamento entre pai e filho? Sinal de uma separação afetiva, não só temporal e espacial? No entanto, o diálogo das duas personagens seguiu com a maior naturalidade possível, como se o casmurro tivesse relaxado de súbito. Daí Bento Santiago, como se vê nessa passagem, ter usado o verbo "lembrar-se" na primeira pessoa do discurso, na voz reflexiva do verbo, assumindo, enfim, que lembra algo, objeto de seu exercício mental. E lembra por esforço próprio, não por acaso, levando esse objeto, uma vez lembrado, a voltar-se para ele, influir no seu ânimo, na sua consciência, aplacando-lhe as tensões que a memória em geral acarreta, quando, nesse caso último, lembrar é um processo doloroso. E o é quase sempre em *Dom Casmurro*.

"Pois não hei de lembrar-me?" é uma manifestação da memória em que o sujeito memorialista, uma vez relaxado, reconhece ter responsabilidade total da lembrança. Isso também é garantido pela presença desse "pois", que inicia tal frase interrogativa. O *Dicionário Houaiss da língua portuguesa* define esse "pois" como um advérbio de valor discursivo ou textual (não pertenceria, então, à sintaxe da frase, mas serviria para denotar uma atitude do enunciador), pelo qual o sujeito da oração dá por certo e indiscutível o conteúdo da sua assertiva. Não se podendo duvidar do que lhe é atribuído pelo predicado, já que o dizer é suficientemente claro e inequívoco, subentende-se aí, como reforço e garantia do sucesso da interpretação da frase, a sequência "é verdade que". Incluída na frase interrogativa de Bentinho, teríamos algo como "Pois não é verdade que hei de lembrar-me?". Temos, então, aqui, a voz reflexiva do verbo, embora de uma reflexibilidade atenuada, dando a entender que o sujeito é ativo — pois recordou o fato por impulso próprio, por querer ou poder recordar por si mesmo —, ao mesmo tempo que sofre a passividade do ato, já que é nele, no seu íntimo, que se dá e repercute a lembrança. No caso, uma lembrança que não lhe traz sofrimento.

Coisa rara em *Dom Casmurro* o sujeito demonstrar que lembrou porque quis lembrar; na maior parte das ocorrências, a memória é sempre impelida ou motivada por algum fator externo à mente do narrador — ao menos ele quer dar essa impressão —, o que pode ser fartamente ilustrado, no romance, pelo uso ou do verbo "lembrar" ou do verbo "não esquecer" (o que vem dar no mesmo), em sua forma ativa, na terceira pessoa do singular, como se vê nesta passagem do capítulo CXXII, "O enterro":

> [...] Elogiavam as qualidades de Escobar. Um ou outro discutia o recente gabinete Rio Branco; estávamos em março de 1871. *Nunca me esqueceu o* mês nem o ano. *(grifo meu)*

No entanto, contrariamente a tudo que foi dito até agora — contrariamente à suposta espontaneidade com que o passado, elemento externo, chega, sem causa aparente, à cabeça do narrador, que simula não estar pensando obsessivamente nas cenas que mais o marcaram —, é evidente que o romance só *existe* porque ele decidiu escrever. E ele só escreve *porque recordou* tudo ou quase tudo, ou nunca esteve esquecido de nada. Mas, se é isso mesmo que ele quer — escrever suas memórias para atribuir a Capitu a causa de sua desgraça, numa espécie de vingança mórbida —, por que dizer com insistência e tentar provar que se deixa levar grosso modo pelas lembranças e evocações, sem tê-las antes procurado? É o caso de perguntar, contra toda sorte de aparências discursivas, se não haveria aí um plano traçado, um projeto de escrita do qual só constassem os detalhes que servissem a seus propósitos de provar a culpa de Capitu ao tempo que ele, provavelmente, omite outros, tidos por desnecessários ou inapropriados à comprovação de sua tese, qual seja, a da mulher infiel que o tornou casmurro. Não é esse narrador contundente demais para querer mascarar suas intenções e ainda posar de bonzinho, mas no fundo é um ardiloso, nada ingênuo?

Trabalho de Aranha

Bento Santiago escreve o livro que ele julga ser a fotografia exata de sua vida matrimonial, sem tirar nem pôr. No primeiro capítulo, "Do título", Bento, já velho, se revela um sujeito ensimesmado e, ao mesmo tempo, cheio de desprezo por criaturas que não fazem parte da sua vida. Foi assim que chegou a dormitar no trem que o levava do centro do Rio de Janeiro para o Engenho Novo, onde morava, na hora exata em que um jovem poeta resolveu declamar para ele alguns versos, na esperança de uma apreciação favorável por parte de uma pessoa madura e experiente. Há, no velho, amargura e altivez, reserva e desdém, pessoa por quem não se pode ter simpatia à primeira vista. Um homem, pois, de reações díspares, cruzadas, se não antagônicas, embora discretas. E é esse cruzamento sutil de coisas e sentimentos que percorre o livro inteiro. Surpreendamo-lo na encruzilhada da vida, pois!

Não é difícil perceber que se cruzam ambientes: a casa do Engenho Novo é a mesma casa de Mata-Cavalos, que ele mandou reproduzir na maturidade. A prova de que Bentinho anda numa via ambígua é que nada com ele é matematicamente infalível, como gostaria que fossem as coisas. Tanto que, depois de construída a réplica arquitetônica no Engenho Novo, ele, vencido certo tempo, pondera: "Pois, senhor, não consegui recompor o que foi nem o que fui. Em tudo, se o rosto é igual, a fisionomia é diferente". Cruzam-se também atitudes, igualmente contraditórias e conflitantes entre si: temperamento estudadamente distante (daí a aparência de frieza) e tendência a analisar o presente e o que está perto (daí o gosto pela expressão irônica e algo masoquista). Por isso é que Bento se confunde e confunde o leitor ao dizer, contradizendo-se, que tem boa memória e que não a tem ao mesmo tempo. Melhor, nesse caso, dizer que não tem — a razão disso delinearei mais adiante —, porque esse modo de conceber a memória justifica satisfatoriamente (ou tem nisto um sinal) o uso abusivo do verbo "esquecer" na voz ativa, com um sujeito que não é ele, é outra coisa além dele, sugerindo com essa estratégia a espontaneidade com que os fatos assomam à sua mente.

O que, porém, acontece com o narrador é que ele, segundo quero sustentar neste ensaio, quer safar-se da responsabilidade da lembrança; quer, antes, ser o alvo dela, o seu mártir, a sua vítima, o pobre coitado da intrincada história que lhe fora infligida pelos amantes, atraiçoando-o pelas costas, e que, unidos, armaram contra ele. Deseja, em defesa própria, ser aquele que não percebeu os movimentos da traição conjugal, por sua generosidade, sua bondade extrema. Bentinho quer passar por alguém que não merecia tal sorte, por ter sido crédulo, benevolente, ingênuo. Nesse caso, para salvar-se, é melhor ser o objeto da sorte, o alvo do destino mau, o pobre menino que foi desviado de uma carreira eclesiástica somente porque sofreu a sedução de uma mulher à toa. Se assim parece, tudo isso o tornaria, diante do leitor, mais apto a ser compreendido ou mesmo perdoado em eventuais desajustes que lhe pudessem ser atribuídos, enquanto Capitu, sonsa e leviana, posaria para sempre como a bruxa da casa.

Bentinho chega a sentir-se bem na pele desse Dom Casmurro que ele inventou para ele mesmo, a regalar-se com essa ideia; parece até que se delicia com a alcunha que lhe fora dada pelo poeta desdenhado no trem da Central:

> Os vizinhos, que não gostam dos meus hábitos reclusos e calados, deram curso à alcunha, que afinal pegou. Nem por isso me zanguei. Contei a anedota aos amigos da cidade, e eles, por graça, chamam-me assim [...]

Muito ao contrário do esperado, o velho Bento Santiago não ficou zangado com o epíteto irônico de Dom Casmurro, e ainda por cima encarou o fato como "anedota", divulgando-a entre os amigos, que o passaram a tratá-lo com esse modo pitoresco de nomear. Certa capacidade humorística do discurso romanesco circunda a nomeação e descredencia o ímpeto do jovem poeta do trem que quis ridicularizar aquele senhor enjoado e sisudo. Pois, como o próprio Bento Santiago diz, sem ressentimento algum, apesar da má fama que lhe coube,

> O meu poeta do trem ficará sabendo que não lhe guardo rancor. E com pequeno esforço, sendo o título seu, poderá cuidar que a obra é sua.

Eis um narrador gabando-se de ser o que é, apesar de ser um ranzinza notório. Ironiza a si próprio, tomando sempre todo o cuidado de não se deixar trair — já que ele foi traído pelo cônjuge, e isso basta —, pesando cada palavra, cada frase que emite, num trabalho meticuloso de aranha. Rejeita, pois, o verbo "lembrar-se", em sua forma suavemente reflexiva. Quer inocentar-se a qualquer custo e culpar o outro, sempre, obsessivamente, como em casos de esquizofrenia. Vê inimigo em tudo que é lugar; nem as coisas escapam. Estas também são suas inimigas — as plantas, a casa, o ar, o tempo.

Um Intruso na Própria Casa

O tempo é, sem dúvida, nessa narrativa, um grande parceiro do narrador, ou, quem sabe, um seu monumental adversário. Infiltra-se praticamente em todas as cenas, vividas e recordadas. Velho, Bento relembra Capitu, o início do namoro, as insinuações maldosas de José Dias contra a menina, a evolução do envolvimento amoroso, o casamento, a dissolução, a amargura quc adveio daí. Se é verdade que o tempo é o motor desse romance, que só funciona enquanto funcionam as lembranças, é verdadeiro também que Bentinho venha, por desejo dele, a transformar-se em vítima. Aliás, ele é vítima de tudo, das pessoas que urdiram contra ele, do amigo, e até, como afirmei há pouco, das coisas, que, personificadas, por um gesto seu de licença poética, se voltam contra sua pobre figura sofrida. Refiro-me, neste momento, à explicação que ele dá por que ele, como senhor de tudo, não deixou intacta a velha casa de Mata-Cavalos. A explicação é tão somente literária, não tem fundamentos na realidade (capítulo CXLIV, "Uma pergunta tardia"):

> Hão de perguntar-me por que razão, tendo a própria casa velha, na mesma rua antiga, não impedi que a demolissem e vim reproduzi-la nesta [...] A razão é que, logo que minha mãe morreu, querendo ir para lá, fiz primeiro uma longa visita de inspeção por alguns dias, e *toda a casa me desconheceu. (grifo meu)*

A casa não sabia dele, do seu antigo morador; estranhava-o, desmerecia-o. Note, leitor, que mais uma vez Bentinho dá uma de incompreendido, mesmo simbolicamente. Nem as plantas o acolheram bem nessa visita à casa velha:

> A casuarina era a mesma que eu deixara ao fundo, mas o tronco, em vez de reto, como outrora, tinha agora um ar de ponto de interrogação; *naturalmente pasmava do intruso. (grifo meu)*

Ele era o intruso, o desconhecido, o indesejado. Nem os animais escapam de ter contra ele uma indisposição:

> [...] *ouvi também o grunhir dos porcos*, espécie de troça concentrada e filosófica. *(grifo meu)*

Em continuado exercício de ironia e de autoironia, Bentinho destila certo prazer nesse exame do passado, totalmente contaminado pelo presente que amarga a narrativa até o fim. "Tudo me era estranho e adverso", diz ele logo depois de falar dos porcos, ao fim do capítulo. Um sentimento sério e profundo, que modificou toda a sua vida — achar que o mundo inteiro estava contra ele, numa espécie de conspiração de astros —, vem pontuado, ao longo do romance, de humor ferino. Talvez para suavizar o sofrimento, talvez para melhor enfrentar as adversidades, os supostos deboches do destino. Por que, então, reproduzir a casa de Matacavalos na do Engenho Novo? Por que escrever a sua história, quando podia, ao invés disso, esquecer tudo e tentar viver de outro modo, menos duro? Mas ele não quer esquecer; como sempre, por antífrase, quer ser esquecido ou esforça-se para que o esqueçam. Isso explica todo o masoquismo do romance, porquanto, se quer realmente ser esquecido ou quer que o esqueçam, a escrita do romance é um movimento avesso a tais aspirações. E, portanto, soa irônica a declaração ao fim do livro, abrindo o capítulo CXLIV ("Uma pergunta tardia"), apesar de declarada autopiedade, que é irmã do sentimento masoquista:

> Assim chorem por mim todos os olhos dc amigos e amigas que deixo neste mundo, mas não é provável. Tenho-me feito esquecer.

Orgulho de um Proprietário

Tudo o que eu disse até agora sobre o discurso casmurro de Bentinho vem ao encontro da lista de verbos na entrada deste ensaio. Os verbos "lembrar" e "não esquecer" usados pelo narrador no segundo capítulo encontram ecos em todas as direções na narrativa como um todo. Primeiro, porque há um gosto todo especial por ser lembrado, embora diga que não, na ilusão de que o tempo o redimirá e o consolará talvez; segundo, porque a forma utilizada para expressar tal semântica — os verbos da memória em sua voz ativa — tira do legítimo sujeito da ação, ele mesmo, a responsabilidade humanamente exigida de realizar essas ações interiores, deixando tudo ao sabor da eventualidade. É uma forma de defender-se e de atacar a outra pessoa, como se estivesse dizendo que não procurou morbidamente o passado, mas, sim, este é que o cercou de tal modo que não pôde senão, para exorcizar o sofrimento infligido, escrever, relatar o que aconteceu com ele, deixando-se ficar casmurro.

O leitor deste ensaio poderá contra-argumentar e dizer que não é nada disso, que a forma ativa do verbo "lembrar" — com sujeito de oração que não é um agente pessoal, mas uma coisa qualquer, externa, não humana, que despertou no narrador, praticamente por acaso, lembrança de fatos antigos — é sintaxe portuguesa das boas e que, no Brasil, ou se diz "lembrei tal fato" ou "lembrei-me de tal fato" e nunca "lembrou-me tal fato". É o que, aliás, esclarece e defende Said Ali em sua *Gramática histórica da língua portuguesa*, de 1921, a propósito mesmo da sintaxe do verbo "lembrar", visto em suas maneiras de dizer, de acordo com a intenção de enunciação e de acordo também com o país que fala e escreve português. Assim, segundo algumas análises apressadas, Machado de Assis estaria só imitando seus colegas lusitanos, sem levar muito em conta a regular e peculiar sintaxe corrente do Brasil, que é bem diferente, nessa situação, do modo como se expressam lá os portugueses.

Não hão de crer nisso, espero: Machado de Assis abeberou-se, é certo, de várias fontes literárias e linguísticas — portuguesas metropolitanas, inglesas, francesas, por exemplo —, mas soube combiná-las bem para atender a seus propósitos estéticos, sem restrições ou culpas. Não caiu nas armadilhas do nacionalismo e do regionalismo, conforme eram as exigências de sua época em um Brasil recém-separado de Portugal, o que, artigo em falta em seus romances, motivou críticas ácidas de Silvio Romero em ocasião tão propícia ao fermento nacional. Se ele usou com insistência o verbo "lembrar" na voz ativa com sujeito não humano, em *Dom Casmurro* muito especialmente — bem à revelia das práticas de linguagem no Brasil —, foi porque viu nisso uma possibilidade de traduzir as ambiguidades de Bentinho em relação à memória, que este depura, e à atitude narratorial de escapar ileso do julgamento dos circunstantes.

O emprego que Machado fez do verbo "lembrar", na terceira pessoa, livra Bentinho de perseguir os fatos vividos e de usá-los todos contra a mulher. Pelas regras do jogo, isso poderia ser antipático e presunçoso, nada refinado, caso o narrador tomasse todas as iniciativas possíveis para condenar Capitu. Pelo realismo que o escritor carioca abraçou, melhor que seja a vida, e não Bentinho, o elemento que manipule o tempo e a memória. Afinal, o próprio Machado de Assis manipulou muito a vida que levou no Rio de Janeiro natal — de menino pobre do morro a presidente da Academia Brasileira de Letras —, resolvendo, ao menos literariamente, as possíveis contradições vividas numa época histórica em que se defendia uma versão cega e até infantil de nacionalismo literário, a começar pela invenção de uma língua brasileira, em plena convivência com certo capricho acadêmico-

-formal que as elites adoravam.

Prefiro, portanto, em defesa de Machado e em meio a todas essas contradições da vida cultural brasileira, ficar com o que ele escreveu na página crítica "Literatura brasileira — instinto de nacionalidade", de 1873:

> Um notável crítico da França, analisando há tempos um escritor escocês, Masson, com muito acerto dizia que do mesmo modo que se podia ser bretão sem falar sempre do tojo, assim Masson era bem escocês, sem dizer palavra do cardo, e explicava o dito acrescentando que havia nele um *scotticismo* interior, diverso e melhor do que se fora apenas superficial.

Ou seja: pode-se ser brasileiro sem ter de falar de índios ou de bananeiras, pois o que importa é trazer certo sentimento brasílico interior, inarredável, que define as pessoas, independentemente de seus costumes e hábitos colidirem, ao menos na superfície, com o que se espera seja o comportamento de personagens em um escritor da literatura brasileira, ainda mais do século XIX, quando a palavra de ordem ainda era nacionalizar as letras. Usar uma sintaxe tipicamente portuguesa não faz de Machado um escritor saudoso da colonização ou amarrado a supostas marcas indeléveis fincadas aqui pelo colonizador, do qual não se teria libertado ideológica e afetivamente, mesmo depois de 1822. Pode, sim, tratar-se de uma sintaxe de época que então se valorizava; mas, bem além disso, pode ser, sobretudo, um ardil literário para produzir um sujeito elegante, cioso de sua classe e de suas raízes linguísticas, que não suportou ser passado para trás, mais por orgulho de classe do que exatamente por amor à fêmea de quem se julgava também proprietário. Um sentimento bem brasileiro, podem afirmar.

Manter a dicção de origem é uma arma de distinção e de sonhada primazia sobre os demais (é só ver como foi que Dom Casmurro encarou o poeta do trem da Central, com uma altivez de classe disfarçada de desengano e tédio); é submeter o outro — seja Capitu, seja o leitor do romance — à rigidez do seu ponto de vista e à aparente certeza de que, em tudo, é um ser superior, um ser capaz de desejar mal sem o manifestar claramente, apenas entrevista tal atitude em uma imprecação suavemente irônica e educada: "A terra lhes seja leve!". Como suavemente irônico e educado foi, nesse *gentleman*, o modo como pretendeu fugir das responsabilidades da sua derrocada. A saída suprema foi fingir que o tempo e os fatos remaram contra ele, coitadinho do Bentinho, tão inocente de tudo, joguete da sorte, vítima da incompreensão e da traição daqueles a quem mais amava.

Folhas ao Vento[3]

Ler é uma coisa que começa cedo, dizem os especialistas como qualquer pessoa de bom-senso é capaz de reconhecer. Sim, porque, não sendo desse modo específico, antes de tudo se lê (como diz Paulo Freire, numa frase que já se tornou um truísmo) o próprio mundo em volta. Foi pensando sempre nesse argumento que iniciei meus filhos na prática da leitura, numa fase em que ainda não precisassem demonstrar o domínio do código escrito. Trata-se, então, de um modo de incentivar, mostrar que isso existe, criando um hábito. Um dia desses li com minha filha de 7 anos, Eduarda, textos colhidos aleatoriamente do livro *As coisas*, do poeta Arnaldo Antunes (São Paulo, Editora Iluminuras, 2000, 9ª edição; a primeira edição é de 1992). Dois poemas me serviram, como a luva serve à mão, para, primeiro, pensar no que por aí se diz sobre protocolos de leitura literária e, segundo, refletir com meus próprios botões sobre o fenômeno da leitura e modelos de leitor.

Comecemos com o poema "o campo" (escrito assim o título, como o fazia também Oswald de Andrade, só com minúsculas), na página 19 da coletânea. Nele se lê o seguinte, em letras propositadamente colocadas em tamanho de garrafa, fazendo a forma de prosa ajustar-se às dimensões espaciais da página inteira, embora seja o texto tão pequeno. Transcrevo, pois, como encontrei:

---

[3] Ensaio publicado na revista *Conhecimento prático língua portuguesa*, nº 46, pela Editora Escala, de São Paulo, pág. 12-19 [jan./fev. 2014]

> Um campo tem
> terra. E coisas
> plantadas nela. A
> terra pode ser
> chamada de chão.
> É tudo que se vê
> se o campo for um
> campo de visão.

Dando leves toques teatrais à voz, ia lendo *para* a Eduarda, e *com* ela também (porque já decifra o código escrito), provando aos poucos da sua reação diante do que lia. Nesse ato, ela ia ao mesmo tempo interferindo, avaliando o que ouvia e via. Diante da primeira frase do texto, "Um campo tem terra", ela disse, em tom de aprovação: "Claro, claro que o campo tem terra. Se não, o que seria?". Diante da frase seguinte, "E coisas plantadas nela", tornou a dar palpites: "Claro, claro, sim". E, mais adiante, diante da frase "A terra pode ser chamada de chão", Eduarda deu sua nota: "Sim, terra, chão, é a mesma coisa". A última frase, porém, é que lhe soou enigmática, e ela preferiu não opinar, temendo talvez minha reprovação. O que o poeta teria querido dizer com "É tudo que se vê se o campo for um campo de visão"? A palavra "campo" foi novamente empregada — além da primeira ocorrência, na primeira linha, mais duas na mesma frase, nas últimas linhas do texto —, mas ficou irreconhecível, sem referente a que a pequena leitora pudesse se apegar. Não foi o que aconteceu com a palavra "terra", que, pronunciada duas vezes, manteve inalterado o seu sentido.

Ou seja, em um texto, as palavras, as mesmas palavras (como é o caso de "campo") ocorrem, coocorrem, disputam entre si reconhecimento e terminam por criar um problema. Só aí é que se pode dizer que a leitura está sendo testada: quando ela se põe um problema para o leitor. Problema, claro, que deve ser resolvido, sob pena de não ter sido realizada plenamente a leitura. É assim que a leitura se transforma em "releitura", como farei ver mais adiante.

A Maturidade na Leitura

Ler é um embate entre o que já sabemos do mundo da realidade, física e social — Eduarda já sabe, claro, o que é "chão", o que é "terra" e o que é "campo" — e o que não sabemos ainda das armadilhas que as palavras nos pregam (ora, a realidade vivida e experimentada também nos traz problemas, e não são poucos). É que as palavras pretendem dizer uma coisa e muitas vezes terminam por dizer outra. Ou, melhor dizendo, aproveitando-se da sua capacidade de sinonímia ou da mera homofonia e homografia, elas apontam para diferentes e incertas direções interpretativas. Até a terceira frase do poema de Arnaldo Antunes, tudo parecia muito claro para a menina; era-lhe fácil saber o que estava sendo dito naquela página impressa do livro *As coisas*.

Um adulto poderia chegar a mesmíssimo resultado, embora em outro nível de compreensão, ajudado até por uma visão teórica sobre o literário. Lembro-me, uma vez, de uma colega minha da Faculdade de Letras da Universidade Federal de Alagoas, a professora Edilma Bomfim, que, referindo-se à canção "Açaí", de Djavan, mirando especialmente o verso "O sol brilha por si"

— verso, claríssimo, tão claro quanto alguns versos desse poema em prosa de Arnaldo Antunes —, fizera o seguinte comentário: "Só o poeta", disse Edilma, "seria capaz de dizer algo tão óbvio e, no entanto, conseguir ser poético com uma frase como essa no conjunto dos versos". Com a hábil colagem da palavra ao chamado mundo real ("o sol brilha por si", de fato, imita, com palavras, o que se dá na natureza, sem tirar nem pôr), a identidade perfeita entre o que se diz e o que existe poderia passar por não poética. Afinal, que acréscimo de percepção haveria em dizer que o sol brilha por si? Ainda que tudo pareça muito simples e natural, em linguagem literária o natural é antinatural, como afirma o poeta Carlos Drummond de Andrade lá para as tantas em "Procura da poesia":

> O canto não é a natureza
> nem os homens em sociedade.
> Para ele, chuva e noite, fadiga e esperança nada significam.

A poesia cria um mundo de pureza indiscutível; dizer que "o sol brilha por si" (Djavan) ou que "um campo tem terra" (Arnaldo Antunes) é fundar, pela palavra, a realidade que se quer tão somente verbal, sem necessidade de comprovação empírica do que se afirma, apesar de que palavra e mundo, ao menos nesse caso específico, terminem por coincidir. A criança que começa a ler aprende isso com mais facilidade do que aquele que só começa a se interessar por literatura na vida adulta, porque a visão deste já está contaminada pela realidade vivenciada. O adulto espera o inusitado para começar a gostar de poesia, enquanto a criança quer encontrar no poema, por exemplo, o mundo que já conhece fora dele e, daí, chegar paulatinamente a detectar voos mais elevados de expressão e de produção de realidade.

A criança, ao deparar — no mesmo texto, no seu término — com o reaparecimento da palavra "campo", de sentido antes tão evidente, vista neste momento em uma lexia complexa, "campo de visão", portadora, pois, de outro sentido, já não mais tão claro como antes, pode querer investigar (este é o começo de um projeto de leitura que se quer na escola) por que "campo", agora, não significa mais "terra".

O que será que pretendo dizer diante desse exemplo vivo de experiência de leitura, ocorrida um dia antes de eu começar a escrever este ensaio, exatamente na primeira semana do mês de outubro de 2013? O ato de ler é um vaivém constante entre o conhecido e o desconhecido, um olhar para frente e para trás, na página do livro, e isso se dá em qualquer fase da vida, em qualquer idade, em qualquer tipo de texto, consabidamente literário ou não. Ao emperrar diante do enigma — o que é esse "campo de visão", poderia perguntar-se Eduarda (não o fez a mim, entretanto) —, o leitor dá de frente não apenas com o inapreensível, naquele instante em que lê, mas encara a palavra como se esta fosse um estorvo, um tijolo que não se remove facilmente. Ver a palavra fisicamente, ocultando sentidos, é estar diante do "como" da linguagem. Antes de responder, pois, à pergunta *o que é isso*, ou a esta outra, *o que isso significa*, pensa-se *por que essa palavra está aí e fazendo o quê*. Os teóricos essencialistas chamariam a esse fato de *forma*. Mas, sem querer estabilizar a noção, como se ela fosse um ser todo-poderoso, é preciso reconhecer que a forma é a dimensão do texto que, fazendo-se olhar com mais atenção, encontra um momento áureo ao se oferecer como problema de interpretação. Removê-lo é ler. Simples, não? O difícil é fazer isso, é mudar a pedra do lugar em que está para outro e, assim, ver o que a pedra escondia naquele solo, debaixo dela.

O "campo de visão" que a criança não entende logo é o pulo para o poético. Marisa Lajolo ensina que um poema, seja ele qual for, dirigido às crianças ou não, pode ser lido sempre em profundidade. A recepção do texto é que, de certo modo, *concretiza* o ato de ler (como diz Wolfgang Iser, no livro *O ato da leitura*). Esse ato, que é corrente, móvel, transformador, incessante, inexaurível, anda sempre em busca de sua atualização — busca permanente, incansável, sem que nunca se dê por satisfeito esse processo:

> Só se lê um poema *na verticalidade de seu significado* que, sem limite de idade, está virtualmente disponível para seus leitores. Caso contrário é como se não se tivesse lido... (*Do mundo da leitura para a leitura do mundo*, São Paulo, Editora Ática, 1993, página 51; o grifo é meu.)

"Campo de visão", portanto, pode ser, pela compreensão infantil mais inocente, um campo com outras plantas, expostas ali para ser vistas; mas pode ser, para um leitor mais maduro um pouco, um tipo de campo, um onde se veem coisas que não são necessariamente plantas, grama, moitas, arbustos ou árvores. Pode ser, além dessa materialidade de sentidos, uma perspectiva, que *cria* coisas, múltiplas e infindas, de várias classificações; e, por fim (há fim nisso?), é um modo de encarar a realidade que só é percebida se a pessoa fizer um esforço cognitivo para perceber, ultrapassando o meramente visível. Assim, o leitor, de acordo com o seu repertório e seu grau de maturidade, reconhece, imagina, produz, inventa, contextualiza, ressignifica — tudo ações legítimas do ato de ler. E não adianta virem perguntar qual a leitura mais correta: todas são corretas, porque todas respondem a uma pergunta dentro do, digamos assim, "campo" de possibilidades de leitura, em dado momento na vida do indivíduo. O que, de saída, aniquila a ideia de retomar noções essencialistas da linguagem tanto do ponto de vista do texto quanto do de sua recepção.

Se o leitor é suficientemente maduro e acha que "campo de visão" é capacidade de engendrar realidades e, como diz Arnaldo Antunes, "é tudo que se vê" — terra, coisas plantadas, chão —, então, por coerência, terra, que faz parte desse "tudo que se vê", é mais do que terra e chão. O que, pois, parecia ser obra exclusiva da denotação da linguagem (assim como Eduarda considerou, sem saber o que é denotação, linguistamente falando) é, antes, trabalho conotativo que se realiza com a linguagem. "Um campo tem terra" ou "A terra pode ser chamada de chão" podem esconder outros sentidos; para isso se convida a ler verticalmente o poema, como sinalizou Lajolo. Igualmente, a frase "o sol brilha por si" de Djavan também pode estar guardando seu enigma por debaixo daquela capa tão santa. O simples fato de essas frases, que podem ser ditas em qualquer momento da existência, em situações simplicíssimas, estarem em um poema, recortadas de sua referência mais banal, já as credencia a ter sentidos que, uma vez descontextualizados, já não podem ser os mesmos quando ditos em instâncias não literárias, prosaicas (nos dois sentidos desse termo: triviais, comuns e ditas em forma de prosa, não em verso).

Volume e Superfície

Isso me leva a lembrar uma frase de Pasolini, evocada por Alfonso Berardinelli no livro *Da poesia à prosa* (São Paulo, Cosac Naify, 2007, pág. 175): "a prosa é a poesia que a poesia não é". (Penso aqui, antes de tudo, na prosa diária e não no poema em prosa ou na narrativa literária.) Ao que teria contraposto Berardinelli, dando um giro na frase de Pasolini: "eu poderia dizer que a poesia é também aquele tipo de prosa que a prosa não consegue ser". Então, se isso é legítimo, o fato de Arnaldo Antunes ter optado por escrever, no texto que ora examino, prosa poética, ou Djavan, versos, nada muda (Aristóteles, igualmente, não tinha dito que o verso não faz de ninguém poeta?), porque as frases enunciadas, de tão simples e de tão "verdadeiras" — numa palavra, prosaicas —, só são literárias porque saíram do seu lugar cotidiano e de uma prática comunicativa que tem outras finalidades que não as poéticas. Desse modo, ao chegar ao término do texto — dando de cara com "se o campo for um campo de visão" —, renova-se o convite para que se recomece a ler; e, ao ler novamente, se percebam outros sentidos além daqueles que se julgaram meramente denotativos, como "terra" e "chão", numa primeira hipótese de leitura.

Decorre daí a teorização que se faz geralmente em torno do poema lírico: ao contrário do que ocorre com o texto narrativo, através do qual, via de regra, se quer saber o "depois" dos acontecimentos já narrados e o que deles, a certa altura da narração, pode "advir", no texto lírico esse "depois" não interessa, pois a necessidade de voltar ao começo, infinitamente, é o que define a aventura da leitura do poema lírico. O leitor vai, pois, testar a leitura que fez: se esse "campo de visão" não é um campo material, com mais plantas e árvores juntas, e, sim, é uma possibilidade de enxergar para além do que os olhos captam, então essa "terra" e esse "chão" também não são tão somente dados materiais e palpáveis da realidade que se oferece à vista, órgão do sentido da visão. São *coisas*, como informa, sabiamente, Arnaldo Antunes, no título do livro. Coisas que têm peso e volume; não são meros rótulos ou etiquetas frias. Coisas que são várias, objetivas e subjetivas, e por aí se vai, num percurso longo e talvez interminável.

Sim, mas há também um limite para isso, senão a leitura se torna um ato anárquico e descontrolado. A legibilidade esbarra na própria palavra, e a interpretação do leitor há de respeitar o que é possível e o que não é possível dizer diante do texto. Foi por isso que, desde o início deste ensaio, tomei um exemplo vivo, a leitura que Eduarda, de apenas 7 anos, fez do poema de Antunes. Diz um teórico francês, Michel Picard, que é preciso abandonar essas teorizações ditas profundas, hipotéticas acerca da leitura, que não tomam por base o leitor efetivo em situação real e, em vez disso, ir atrás do leitor contextualizado, situado, para aquilatar as ações que a leitura concretamente envolve. Pois há leitores e leitores. Desde o que se pode chamar de "leitor ingênuo", de acordo com a terminologia de outro francês, o linguista Vincent Jouve (*A leitura*, São Paulo, Editora da Unesp, 2002, página 28), até o que se conhece por "leitor experiente", designação do mesmo Jouve. Algumas pessoas, por inexperiência e independentemente da idade que têm, podem ficar no plano da leitura ingênua, mais linear, que se dá quase frase por frase, enquanto outros, mais maduros, se tornam, na verdade, "releitores" (o termo também é de Jouve), aquele que, aproveitando-se do seu maior conhecimento da linguagem e da realidade, pode voltar ao texto mais de uma vez, recomeçá-lo, testar sua legibilidade, à cata dos sentidos que as palavras não mostram logo (o que não quer dizer que essa busca saia exitosa). Afinal, diz o teórico, o texto, mesmo o mais simples, não é apenas uma "superfície", mas um "volume", sobretudo.

Não se fala tanto, em crítica literária, em inúmeras sondagens do texto, que é por definição inesgotável em sua interpretação, oferecendo-se a muitas e variadas leituras? O que dizer de *Dom Casmurro*, então? E quando essas tentativas de sondagem não dão em nada? Ora, ninguém pode saber se Capitu traiu ou não traiu Bentinho, e qualquer tentativa de esclarecer isso é a maior bobagem que se comete contra o romance de Machado de Assis, que assim o construiu, para fazer desse mistério um caso para nunca, jamais ser resolvido. A narrativa machadiana, como várias outras, como vários poemas, tem volume, tem consistência, e o leitor deve saber disso, sob pena de cair no ridículo com suas elucubrações atabalhoadas e inocentes. É isso que eu chamo aqui de *limites* — ora do próprio texto, ora do leitor, de acordo com o aprofundamento de um e de outro nos respectivos terrenos de atuação —, e vamos, por favor, sejam quais forem esses limites, seguir o conselho de Carlos Drummond de Andrade: "Não forces o poema".

Há, portanto, necessidade de sermos releitores, situação que se torna premente na área da leitura literária. Afirma nesse sentido Vincent Jouve, na página 30 do livro mencionado: "Desde que uma obra seja minimamente construída, a releitura não é apenas desejável: é necessária".

A releitura torna, assim, o texto dotado de maior flexibilidade e movimento; as palavras, inscritas nele, podem até parecer fixas demais, por causa da sua condição gráfica (colocação na página, tamanho da fonte, tipo de letra, entre outros artifícios), mas iludem quanto à sua consistência e perenidade. Certamente Arnaldo Antunes, ao escrever o poema "o campo", também recortou e montou o seu leitor. Tal leitor não aparece nítido, como é inconfundível nesta passagem de Machado de Assis, extraída das *Memórias póstumas de Brás Cubas*, onde se tem a felicidade de interpelá-lo, citando-o:

> Um tio meu, cônego de prebenda inteira, costumava dizer [...]. Ao que retorquia outro tio, oficial de um dos antigos terços de infantaria [...].
>
> *Decida o leitor entre o militar e o cônego*; eu volto ao emplasto. *(o grifo é meu)*

Mas aparece pressuposto pelo modo de o eu lírico se dirigir a um eventual leitor do poema. Nesse desenho de leitor emerge, projetado e pensado, o leitor infantil, entre frases curtíssimas e vocabulário elementar, do jeito como a criança se expressa e provavelmente entende. É o que Vincent Jouve poderia chamar de leitor "oculto", depreensível pela linguagem, pelo tom, pelo que se espera que o leitor seja para chegar a compreender a proposta daquele texto. Apesar de infantil, o leitor imaginado pelo poeta não deve ser minimizado nem caracterizado apenas por sua natural leveza e superficialidade, traços que se encontram em alguém que ainda não amadureceu. Mas é marcado também pelo que Jouve chamou de "volume". Se o leitor mirim acompanhou bem as três primeiras frases do poema, então não deverá reagir da mesma forma diante da quarta e última frase, o que já é uma prova cabal de que testa sua capacidade de ler: "É tudo que se vê se o campo for um campo de visão". Maior esforço cognitivo, que deve ombrear com o prazer de ler o texto, se impõe a partir daí, e o leitor voltará a lutar com as primeiras palavras, que tinha julgado já vencidas e devidamente compreendidas. Se esse ato de ler se der na sala de aula do ensino fundamental, o professor, como mediador do processo, intervirá e provocará o seu leitor: *Você acha que entendeu bem o que quer dizer a palavra "campo" em "campo de visão"?* Ou e também: *As palavras "campo", "terra" e "chão" podem estar querendo dizer isso mesmo que aparentam. Mas será que podem significar outras coisas, além dessas?*

Volta à Infância

Chamar atenção para noções como sinonímia e conotação pode ser um bom início para mostrar que — em textos de constituição presumidamente literária — as analogias e as recorrências criam por si sós uma atmosfera de ambiguidade, na qual, se uma coisa pode ser renomeada ou dita de outro jeito, fica, porém, mantida a pureza da palavra como som.

O som ressoa e evoca o conhecido como se, aparentemente, este tivesse sido convertido em algo absolutamente desconhecido:

terra, terra, campo, campo, campo. Desvestidos os termos de sua significação a que fomos habituados, chegamos, assim, finalmente, àquele "algo" — ao impreciso e vago que esse pronome indefinido informa — que foi pressentido por Murilo Mendes em um poema que tem justamente esse nome, "Algo", um ser não passível de definição, porém mais autêntico, livre de acidentes e impurezas do mundo, em estado propriamente virginal:

> O que raras vezes a forma
> Revela.
> O que, sem evidência, vive.
> O que a violeta sonha.
> O que o cristal contém
> Na sua primeira infância.

Criança e poesia terminam por se encontrar no ato de leitura. O que o cristal contém na sua primeira infância é a pureza da linguagem, no dizer de Murilo Mendes. "Cristal", portanto, já não é *cristal* nem "violeta" é mais a flor *violeta.* Saíram de seu lugar de origem e se literalizaram. Arnaldo Antunes diz a mesma coisa, tendo tido ambos os poetas o cuidado de pôr os substantivos dos respectivos poemas sem adjetivos ou quaisquer determinantes. Os seres evocados pulam, assim, aos olhos do leitor, ora como dados reais, ora como verbetes em "estado de dicionário", como disse o outro. O papel do leitor é dar-lhes vida, significação, concretização. Ademais, vistos como verbetes, tais objetos (ou "coisas", como os denomina o próprio Antunes) adquirem nova existência; surgem virginais, completamente distintos, diferentes do que já se sabe muito vulgarmente sobre "terra", "campo" e "chão". Até porque, depois de o leitor deparar com a expressão "campo de visão", vai perceber que as palavras podem ser usadas de outro jeito, em outro nível de abstração. E, após isso, também vai poder refletir se as primeiras ocorrências ainda conservam o sentido anteriormente pensado. No caso da recepção infantil em sala de aula, grande e fundamental vai ser o papel do mediador no processo de leitura, o professor, para instigar, nos alunos, a percepção de que, sobretudo em texto de literatura, as palavras se movimentam e podem aludir — "A terra pode ser chamada de chão", avisa o eu lírico — a coisas diversas (o próprio poeta, aliás, já disse isso: "*pode* ser").

Ao lidar com mais de um sentido, o leitor tem a impressão de que as palavras *nascem* ali, ou simplesmente ele volta a encarar os mitos da infância, como Papai Noel ou a cegonha que carrega no bico o bebê, como se ainda cresse neles. O leitor, tenha a idade que tiver, retorna, de algum modo, a um estado infantil, de pureza, pois vai reelaborando, com os sentidos que já detém e os tem acumulados — pela aprendizagem e pela experiência de vida —, novas significações, confirmando, na prática de ler, o que disse Vincent Jouve a esse respeito:

> Ler, de certa forma, é reencontrar as crenças e, portanto, as sensações da infância. (página 117)

É isso que, tanto no leitor infantil quanto no leitor adulto, cria a identificação dele com o texto, gerando sintonias às vezes indiscerníveis. Por isso é que, também, se pode gostar mais de um texto do que de outro, não havendo uniformidade ou unanimidade na sua recepção, no mesmo momento e no mesmo ambiente, ou em tempo e lugar distintos e diferentes. Pode ser, assim, dadas as variáveis apontadas, um tanto difícil teorizar em cima de um leitor real, observável, constatável, mas também instável, móvel, em troca do chamado leitor inscrito no texto, conforme o pensaram Wolfgang Iser ("leitor implícito") ou Umberto Eco ("leitor modelo"). Mas pode ser operacional tal proposta, principalmente quando se pensa em leitura em sala de aula, porque o professor, nessa situação, estará se relacionando com diferentes subjetividades — todas reais e concretas — e diversas reações diante do texto, a cuja leitura ele procurará ajustar tal variedade.

Dimensões Tridimensionais

O outro poema de Arnaldo Antunes que interessa destacar neste ensaio é "as folhas", da mesma coletânea *As coisas*, na página 81 desse livro. Quando o li com a Eduarda, tive a impressão de que o mundo girava a meu (nosso) redor. Pareceu-me, imediatamente, que ali havia uma metaforização do ato de ler com tudo o que envolve essa atividade, da movimentação das folhas, dos olhos sobre as folhas, das mãos passando as páginas à apreensão do que o texto diz, à sua interpelação e inquirição de sentidos. Vamos ao poema:

> Quando vem um vento forte elas
> voam como aves, as folhas de papel,
> como as folhas das árvores. Para
> longe, onde não sejam lidas mais.
> Antes estavam uma após outra, 3, 4,
> 5, na ordem. Agora soltas 9 agora
> entre 55 outras 13 folhas voadas 20
> de outras 43 mesas agora 18 as letras

> 7 soltas agora sobre a 10 grama 62
> da praça. Os pontos e as vírgulas
> espalhados como grãos de areia
> sobre a praia. Agora pousadas nas
> calçadas, de cara para a sola dos
> sapatos, nas poças, agora estão
> livres; as palavras.

Por se tratar de uma hipótese de leitura — afinal, em seu conteúdo manifesto, o texto descreve quase um vendaval que obriga folhas de um livro a desprender-se e a sair voando por aí, ao léu —, o leitor é que faz um esforço cognitivo para atribuir significação ao que lê, podendo, a partir de sua ação, extrapolar o que aparentemente e tão somente pode ser compreendido nas palavras registradas na superfície da página. Ganham autonomia as folhas, que, assim, levadas pelo vento, lembram "aves" ou outro tipo de folhas, aquelas "das árvores", que se desprendem do tronco e se perdem no ar. O destino delas é nunca mais poderem ser lidas ou reunidas de novo, o que dá impressão de movimento e caos. Lembro-me, então, de Cecília Meireles, em "O 4º motivo da rosa" (de *Mar absoluto*, de 1945), onde, ao que parece, se delineia semelhante situação:

> Eu deixo aroma até nos meus espinhos,
> ao longe, o vento vai falando em mim.
>
> E por perder-me é que me vão lembrando,
> por desfolhar-me é que não tenho fim.

A ausência de pontuação no poema de Antunes — apenas na

quarta frase, a mais longa de todo o texto, com partes coordenadas, sem precisão de limites entre elas, justamente pela falta de sinais, com reiteração bem marcada de um termo indicativo de tempo ("agora") que revela duração prolongada do espalhamento desordenado das folhas — dá indícios, com isso, de que o vento, além de fazer tudo isso, "perturba" ainda as relações sintagmáticas que ali passam a vigorar, tênues e dilaceradas. Tal processo atinge o que está no interior das folhas de papel, das quais fantasmaticamente se desatrelam as vírgulas, os pontos, sinais que mais parecem, neste instante, "grãos de areia sobre a praia", na mais profunda dispersão. Termina tudo, por fim, por cair nas "calçadas, de cara para a sola dos sapatos", mergulhando em "poças" — mas as palavras, mesmo caídas e fraturadas, "agora estão livres". E, por incrível que possa parecer, justamente quando estão livres, pousadas no chão, "de cara para a sola dos sapatos, nas poças", é que os sinais de pontuação podem retornar ao texto, como se pode ver nas duas últimas frases do poema, onde vírgulas, dois-pontos e ponto e vírgula fixam e aprisionam o que estivera por momentos solto no ar.

O miolo do poema, vamos assim dizer, é o que surpreende pelo seu estado de anarquia semântica, confundindo o leitor, já que, por falta de pontuação e de consequente limite entre os termos das orações, não se sabe mais exatamente se são 9 folhas, que inicialmente aparecem soltas, misturadas a outras 55, que também se destacam dos livros, tendo logo em seguida mais 13 que voam em meio a 43 mesas, ou se, por outro modo de ler a mesma passagem, numa perspectiva ligeiramente diferenciada, são apenas 9 folhas que se subtraíram de um total de 55 folhas de um livro e logo se juntaram a mais 13 folhas que voaram também e, depois, a mais 20, num torvelinho em que até 43 mesas parecem ter ido para o espaço:

> [...] Agora soltas 9 agora
> entre 55 outras 13 folhas voadas 20
> de outras 43 mesas agora 18 as letras
> 7 soltas agora sobre a 10 grama 62
> da praça. [...].

Nessa desarrumação provocada pelo vento — que é mais do que vento, é construção de texto, que mimetiza uma desordem programada pela *organização estruturante* das palavras, que, assim, representam uma realidade natural, embora tudo aí seja artifício e jogo —, somem, não só os sinais de pontuação, como também preposições, tornando ilegíveis expressões como "a 10 grama" ou "62 da praça". Que números são esses? A que substantivos se prendem? Aliás, devem também ter sumido substantivos, adjetivos, tudo desintegrado pela voragem do vendaval, o que, evidentemente, cria relações aparentemente absurdas entre termos, como se vê nesse "sobre a 10 grama" ou em "62 da praça". O que quer dizer "sobre a 10 grama", se é que não faltam aí palavras ou elos de concordância? E seria possível pluralizar esse termo? Afinal, "grama" pertence à subclasse dos substantivos de extensão contínua, ou seja, ao grupo de substantivos que não podem ser contados e, por isso, repelem números antecedendo a eles; e, portanto, não podem se pluralizar, sempre se empregando no singular, como se faz igualmente com o abstrato "bondade" ou o concreto "farinha".

O texto, então, esburaca-se, perde elementos, dissolve sua inteireza, já que o vento tudo leva e espalha. Trata-se, pois, muito mais de uma metáfora para o ato de ler, que agrega novos sentidos e associações sintagmáticas, do que, mesmo, de uma representação do ato de escrever. Ler, segundo a visão exposta por Arnaldo Antunes, é reler ou procurar entender, por reflexão feita sobre a forma, o que é que o texto trama, urde, em suas ações à primeira vista pouco compreensíveis. O leitor, aqui, por não ser nomeado, é apenas pressentido, o que lhe aumenta o valor e a participação no conjunto do tecido textual, que sutilmente o prevê e pressupõe. É o que Vincent Jouve, cujo *A leitura* orienta boa parte da teorização exposta neste ensaio, denomina de leitor "oculto", muito mais complexo do que o outro tipo de leitor, o "interpelado", que é aquele que invariavelmente comparece aos textos de Machado de Assis e a outros — a forma clássica dessa tipologia é o famoso "caro leitor", bastante frequente na literatura produzida no século XIX. O leitor "oculto", como o próprio nome diz, não é citado, não é mencionado; encontra-se "implicitamente presente pelo saber e pelos valores que o narrador supõe haver no destinatário do seu texto" (página 42).

Ora, para dar conta das *estranhezas*, se é que posso expressar-me assim, que o poema provavelmente engendra, com sua sintaxe inusitada, é preciso ter, no mínimo, esse domínio, esse saber de que fala Jouve. Sem tal grau de experiência com a leitura, o texto pode não ser valorizado em sua corporeidade e constituição mais madura. É preciso, então, ver que o tecido, de súbito, cresce, encorpa-se, ganha peso e medidas ou dimensões tridimensionais, podendo também ser lido em sua verticalidade, como já apontei, de acordo com o que dissera a esse respeito Marisa Lajolo.

O leitor, portanto, pode *adensar* o texto com sua intervenção leitora — refiro-me, agora, ao leitor real, o releitor real do texto, mas não o leitor previsto pela estrutura textual, de que são exemplos o leitor "interpelado" e o leitor "oculto", a que me referi, ao evocar a teoria de Vincent Jouve — e, dependendo desse leitor real, assumido teoricamente por Michel Picard (por sinal, citado por Jouve), e da sua maneira de relacionar-se com que o que lê, pode ser que, fazendo uma leitura mais linear, não perceba tudo que o texto tem para mostrar. Isso porque, como afirma ainda Jouve, "o texto" é algo "estruturalmente incompleto", e, por isso, "não pode abrir mão da contribuição do leitor" (pág. 62). A criança, ao ler o poema "as folhas", pode apenas enxergar um emaranhado de folhas de papel que escapam de livros, com o vento, e voam para bem longe, não sendo possível jamais ser resgatadas. Ainda que ache graça nisso e se encante com a imagem, pode achar também que houve exagero do poeta ao fazer espalhar, nessa mesma rota de fuga, mesas pelo ar, assim como vírgulas e pontos, que se soltam das frases impressas no papel. A quarta frase, que acabei de comentar, pode parecer ilegível, por sua sintaxe desordenada, pela ausência de pontuação — é o momento do texto de maior desordem provocada pelo vento forte que leva para longe os objetos —, por sua falta de nexos gramaticais que segurem os termos na frase. Formalmente, e por certo ponto de vista, essa frase está manca; mas formalmente também é ela que melhor expressa a ação do vento e, em um nível acima dessa compreensão, é ela que, por processo metafórico, representa o próprio ato de ler, em movimento constante, atribuindo sentidos em todas as direções.

O professor no ensino fundamental, como mediador que é desse processo de leitura, pode chegar, com os alunos, a entender que a linguagem verbal informa de duas maneiras: pelo que efetiva e inequivocamente *diz* (um vento espalhou pelo ar folhas de livros, mesas, pontos e vírgulas, em clima de conto de fadas, isso é inegável) e, numa direção aparentemente oposta, pelo que apenas *sugere* (o vento comeu as vírgulas, os pontos, arrancou páginas dos livros, tendo provocado, assim, naquele momento, mas só naquele momento, uma perturbação na compreensão imediata do fenômeno, fazendo, antes, parecer que se tematiza o ato da leitura do que propriamente se cria uma realidade feérica de narrativa infantojuvenil). O ato de ler, visto assim, não raro apresenta esse tipo de dificuldade, poderia completar o professor, pois não é fácil e rápido como se gostaria que fosse, mas exige que se reflita sobre a linguagem que informa e — com ela ou por meio dela — se reflita acima de tudo sobre a viagem que o texto propõe.

A Insustentável Leveza do Resumo Literário[4]

Resumir, ensina-nos o *Aurélio*, é "fazer sinopse, abreviar, epilogar". Deste último extraem-se os sentidos de "recapitular, condensar, rematar, sintetizar". Sinônimos nada perfeitos. Mas conexos. Ao encerrar um texto, temo-lo concluído, porque encontramos todas as ideias que ele deve ter, numa síntese, num encadeamento lógico. Isso é bom de fazer, como método de estudo, e ajusta-se bem a um texto científico. Mas o mesmo seria válido com um texto *literário*?

Penso nessas coisas sempre, pois, como professor de teoria da literatura, não me canso de dizer aos alunos que a prática pedagógica do resumo de uma narrativa é improfícua e totalmente imprestável. Por quê? Porque impede o leitor de perceber as nuanças e as armadilhas da linguagem estética e, em compensação (se é que isso é compensação ou dano), o faz estacionar apenas nos dados da história. Se o resumo cega por um lado, abre, de outro, os olhos para o que é absolutamente secundário em uma obra literária, a ponto de chegar a nem lhe dizer mais respeito.

Teste o próprio leitor o verdadeiro sentido dessa advertência. Tome uma página, mesmo um parágrafo, de um romance qualquer e procure resumi-lo. Verá que, ao final, o esforço terá sido vão. A que objetivo intelectual serve? Sinceramente, até hoje não descobri.

---

[4] Ensaio publicado na revista *Conhecimento prático língua portuguesa*, nº 47, pela Editora Escala, de São Paulo, pág. 8-15 [mar./abr. 2014]

O Teste do Resumo

Vamos, leitor, ao teste! Mata-se a cobra e mostra-se o pau com que foi morta, como se diz no Nordeste. Não quero passar por bravateiro. Fiquemos com uma página de um bom escritor e, em seguida, façamos um resumo do que ele disse. Abro *Dom Casmurro* (preciso dizer o nome do autor desse livro? É aquele, o melhor escritor que o Brasil já viu até hoje) e encontro, no capítulo XXXII, a famosa passagem em que Bentinho, olhando para os olhos inquietantes de Capitu, força a gestação de uma metáfora, "olhos de ressaca", por não concordar com aqueloutra, a dos "olhos de cigana oblíqua e dissimulada", criada pelo José Dias, que desde cedo tentara abrir os olhos do rapaz contra a menina manhosa que o agregado da casa de Mata-Cavalos supôs naquela sonsa (epíteto que não passa de uma insinuação a ser confirmada, depois, pelo próprio narrador, no afã de culpar a mulher pelo fracasso matrimonial, além de dar vazão, com isso, à sua espécie de esquizofrenia, salvo melhor engano). Vamos ao capítulo:

> Tinha-me lembrado a definição que José Dias dera deles, "olhos de cigana oblíqua e dissimulada". Eu não sabia o que era oblíqua, mas dissimulada sabia, e queria ver se se podiam chamar assim. Capitu deixou-se fitar e examinar. Só me perguntava o que era, se nunca os vira; eu nada achei extraordinário; a cor e a doçura eram minhas conhecidas. A demora da contemplação creio que lhe deu outra ideia do meu intento; imaginou que era um pretexto para mirá-los mais de perto, com os meus

> olhos longos, constantes, enfiados neles, e a isto atribuo que entrassem a ficar crescidos, crescidos e sombrios, com tal expressão que...
>
> Retórica dos namorados, dá-me uma comparação exata e poética para dizer o que foram aqueles olhos de Capitu. Não me acode imagem capaz de dizer, sem quebra de dignidade do estilo, o que eles foram e me fizeram. Olhos de ressaca? Vá, de ressaca. É o que me dá ideia daquela feição nova. Traziam não sei que fluido misterioso e enérgico, uma força que arrastava para dentro, como a vaga que se retira da praia, nos dias de ressaca.

Como o leitor pode ver, Bentinho homenageia a namorada com uma metáfora carregada de simbologia, dando a entender que ela, além de sedutora, é misteriosa e profunda em seus sentimentos. Profunda como o mar, cuja ressaca arrasta o desprevenido para o centro dos seus mistérios. Agora, como dirá o aluno num exercício — infame exercício — de resumo dessa página? Arrisco-me a produzir uma, sujeita a chuvas e trovoadas. Lá vai; e a ela não se subtraem informações conhecidas do público, não necessariamente contidas na página submetida ao resumo:

Protagonista e narrador de *Dom Casmurro*, Bento Santiago, quando rapazinho, ouvira José Dias fazer um comentário malicioso a respeito de Capitu, também adolescente, sua vizinha, por quem se apaixonara desde então. Segundo o agregado, a moça tinha "olhos de cigana oblíqua e dissimulada", porque seria, em princípio, uma sedutora calculista, sem vocação para o verdadeiro amor. O rapaz, por não concordar com a imagem criada pelo agregado, resolve apresentar outra metáfora para contrapor-se-lhe e termina achando uma que de repente lhe ocorre, "olhos de ressaca", esta sim, capaz de traduzir o encantamento pela namorada.

Como o leitor desta revista pode notar, se a minha sinopse diz (e até diz mais o que o texto contém) o que realmente importa — conhecimentos outros, porém, informam que José Dias é um agregado da família e que este insinuava sempre que Capitu não era flor que se cheirasse, talvez para agradar dona Glória, mãe de Bentinho, que queria ver o filho padre —, tal resumo não chega nem perto do que Machado de Assis, em termos estilísticos, colocou. Supondo que um resumo deve ser a tradução (fiel?) do texto-fonte, permitindo até que a leitura de um substitua a do outro (se for isso, é infame mesmo o resumo), que valor estético-cognitivo deve ter essa atividade tão pedida, até hoje, nas escolas do ensino médio? Para que serve, pois, o resumo?

O resumo (atenhamo-nos, leitor, a este miserável resumo que me propus fazer e fiz) *esconde*, por exemplo, o ingrediente lírico que, fundamental para a compreensão dos sentidos literários desse romance, se deu na passagem do olhar, demorado e insistente, havido entre Bentinho e Capitu — olhar penetrante, da parte dele, que provocou nela outra impressão. Capitu, levemente surpresa com aqueles olhos "longos, constantes, enfiados" nos dela, primeiro pergunta se Bentinho "nunca os vira" antes, imaginando em seguida que tal ato era, para ele, apenas "um pretexto para mirá-los mais de perto". Coisinha de jovens namorados! Será?

O que, na verdade, Machado pretendeu, com isso, foi forjar uma interpretação metalinguística de produção da metáfora. Longe de ser um ornamento retórico, a metáfora é (e deve ser sempre) um modo de compreensão da realidade ficcional criada. Avulta, nesse trecho do romance, a necessidade de lidar com imagens, que não devem ser apenas belas, mas acima de tudo operacionais da própria manifestação mimética da linguagem literária. Note o leitor que "olhos de ressaca" nasce de uma observação *consciente* e não de um suspiro de amor juvenil. Bentinho, que nada achou de extraordinário nos olhos de Capitu, se atribui a si próprio uma série de ações que antes brotam da razão do que do sentimento: "não sabia", "sabia", "queria ver se se podiam chamar assim", "achei", "a cor e a doçura eram minhas conhecidas", "ideia do meu intento". Enfim, Bentinho *examinava* (outro verbo dito por ele, da área da investigação consciente) os olhos da namorada porque queria produzir uma metáfora que em tudo se contrapusesse à metáfora de José Dias. Chega, para isso, a apelar para a "retórica dos namorados". E a metáfora, depois de algum esforço, vem: "olhos de ressaca". Mas, ao que parece, Bentinho não fica impressionado com o achado ("Olhos de ressaca? Vá, de ressaca"). E, apesar disso, fica com a imagem, o que define, a partir daí, a célebre traíra, como se diz atualmente, da Rua de Mata-Cavalos,

Parece que este meu segundo resumo ficou melhor, mas tem dois grandes defeitos: de tão grande a paráfrase que fiz, ultrapassou em tamanho o original (refiro-me à passagem exclusiva do achamento da metáfora), deixando, pois, de ser um resumo; e, seja lá como for, Machado me foi superior, não perdendo ele jamais a "dignidade do estilo". E, depois, é melhor mesmo que se leia

Machado do que qualquer resenhador seu, por mais hábil que possa parecer.

Agora, leitor, feito o teste do resumo, me responda com sinceridade: para que serve a atividade pedagógica do resumo literário? Se for para o aluno provar que leu o romance, tempo perdido; o resumo pode ser tirado da internet ou alguém pode ser pago para fazer isso. Se for para acostumar o aluno com a linguagem literária, melhor que se faça uma pequena representação teatral em sala de aula ou simplesmente se peça para o aluno ler, em voz alta, a passagem que interessar na ocasião. Realmente não sei para que serve o resumo. Mas sei de uma coisa, e esta é incontornável: o resumo mata a beleza do texto literário! Permite, ainda, que se confunda *história* com *enredo*. Ora, sabe-se que a história não é a parte literária da narrativa e o enredo sim. Pois o enredo é a composição literária que dá forma a uma história, que, previamente concebida, só se dá a conhecer literariamente se for submetida a uma trama, que se constrói à medida que o escritor escreve, escolhendo palavras, subvertendo a ordem temporal dos fatos, criando imagens necessárias à composição do texto.

Machado de Assis mostrou que a metáfora não é um ornamento, é uma *função* do texto; que, para produzi-la, é preciso ter a cabeça no lugar e não ficar por aí cismando e imaginando coisas; que a metáfora organiza o texto e dá-lhe sentido (mais tarde saberemos que "olhos de ressaca" inverte o seu sentido: antes, sedução e mistério; depois traição e casmurrice, nesta ordem). Daí a ambivalência dos olhos (belos, encantadores, mas traidores e mortais); daí a força da ressaca (arrasta e domina, seduz e perturba a razão).

Um Livro Provocador

De onde me veio a inspiração (ô palavra maldita esta!) para escrever este ensaio? Por que me preocupei com o tal do resumo, atividade tão pedida em sala de aula pelos professores do ensino médio? Constitui isso motivo real de preocupação? Afinal, os professores não sabem o que fazem? Preocupei-me, porque, além de discordar da prática do resumo, li a seu respeito recentemente em um livro que mais parece um diálogo franco e direto entre especialistas da área, sugestivamente intitulado *Conversas com um professor de literatura*, de Gustavo Bernardo (Rio de Janeiro, Rocco, 2013), e que traz, nos capítulos 2 e 3 da terceira parte, matéria suficiente para esquentar essa discussão. No capítulo "Basta ler o resumo?" e no seguinte, "Adaptação ou mediocrização?", Bernardo pareceu-me contradizer-se. Mas tudo pode não passar de provocação, estímulo para fazer pensar.

No capítulo 2, encontro algumas afirmações contundentes, que apresento, para facilitar a compreensão do leitor desta revista, na ordem em que aparecem. Com a palavra, Gustavo Bernardo, vindo eu logo após para comentar. Assim ele abre esse capítulo:

> Resumir é uma maneira eficiente de estudar. Ao *resumir um texto referencial*, o leitor percebe melhor os objetivos, a estrutura e os argumentos *(pág.86; o grifo é meu)*

Concordo plenamente, desde que fiquemos por aí. No texto referencial. Se se passar para o texto literário, a conversa é outra, não mais a mesma. Pois, como dizia Paul Valéry, resumir um texto científico é reter a sua essência; mas, ao resumir um poema ou um romance, *perde-se* a sua essência. Continuando com Bernardo:

> Ao resumir um texto ficcional, o leitor percebe melhor o contexto, a ambiguidade,enfim, as metáforas. Em ambos os casos, o leitor aprende pelo exemplo; logo, se torna um pouco mais capacitado a escrever ele mesmo um bom texto referencial e mesmo um bom texto de ficção. *(pág. 86)*

Discordo totalmente de tudo que foi dito nessas duas frases. Comecemos pelo fim: é papel da escola levar alguém a ser romancista? Aprende-se samba na escola? Mas vá lá! Pode até acontecer, embora não seja objetivo do ensino fundamental nem do médio, muito menos ainda do superior! Ensina-se a fazer resenhas, resumos, textos críticos... Ensina-se a mexer com palavras, pô-las em situação de texto, com coerência e coesão. Se, no caso da literatura, o aluno resume um romance para perceber "melhor o contexto" (que contexto? a situação social que envolve as personagens?), então basta pedir ao aluno que diga isso ao vivo, durante a aula, e rapidinho, porque é um objetivo muito pobre de aprendizagem. É como fazer o aluno dizer de memória (se isso por si só não for uma débil convenção) em que ano se inicia o Romantismo no Brasil (1836? vá lá que seja, mas isso é completamente desimportante!). Mas o que não se pode admitir é que, ao resumir um texto *ficcional*, o leitor se force a perceber melhor a ambiguidade do texto, as suas metáforas. Como isso seria possível em um resumo? A julgar pelo trecho de *Dom Casmurro* que focalizei, a metáfora "olhos de ressaca" evolui ao longo do romance e passa de um extremo a outro no campo dos significados. Isso só pode ser devidamente compreendido no âmbito do enredo, não no da história. Pois tal metáfora se entrelaça com outras metáforas e outras sugestões do texto inteiro. Não será um resumo que vá fazer isso, no lugar da efetiva leitura; não será um resumo que vá permitir a análise detida e pormenorizada dessa questão.

O resenhador não elucidará – se o fizer, não se trata mais de resumo e sim de crítica literária — o sentido, por exemplo, da hesitação de Bentinho ("e a isto atribuo que entrassem a ficar crescidos, crescidos e sombrios, com tal expressão que..."), o qual, buscando bravamente a metáfora que nasce naquele instante de contemplação dos olhos da amada, a realiza com dificuldade e não sem alguma frustração ("Olhos de ressaca? Vá, de ressaca"), não também sem antes pedir ajuda (fingida, é claro) à "retórica dos namorados". E com isso Machado de Assis mostra que o ato literário não é inspiração, mas tentativa consciente de gerar uma imagem e que, em tal busca, há momentos pouco iluminados, nada geniais, que terminam por se impor, bastando apenas ao ficcionista dar contornos, hábeis contornos ao achado. Nada cai do céu, afinal; e a retórica dos namorados é apenas uma ironia machadiana para mostrar que ela não existe e sim o esforço do escritor, sua luta com as palavras, sua capacidade de escrever. Como dizer, pois, isso tudo em um resumo?

Se se quiser dizer isso, está-se então em outro gênero textual: crítica literária e não mera resenha. A crítica comporta comentários desse porte, como o fiz aqui. Já o resumo apenas espelha o que de fato foi dito, no campo do enunciado; ocupa-se, para usar uma distinção feita pelos gramáticos da Idade Média, do *dictum* (o que foi dito, seu conteúdo proposicional), não do *modus* (a modalidade, o modo de dizer). O resumo, então, é a arte de apresentar a concatenação de ideias em formato menor do que o texto sobre o qual extrai tais ideias, com rigoroso didatismo, para melhor comunicar o que diz o texto primeiro. O texto literário não tem esse mesmo nível de entendimento e comunicação; na maioria das vezes até nem quer ser logo compreendido.

Para que o resumo, pois?

O Crime do Resumo

Mas o próprio Gustavo Bernardo parece contrariar o que acabara de defender quando afirma que revistas, como a norte-americana *Reader's Digest*, ao fazer condensações de obras clássicas, as chamadas "adaptações literárias para jovens", estão, na verdade, promovendo "uma praga", palavra de Bernardo, na página 90, no capítulo "Adaptação ou Mediocrização?". Ei-lo novamente, para que não me deixe mentir:

> Trata-se, sem meias palavras, de um crime de lesa-literatura, isto é, de um crime contra os corações e as mentes de gerações inteiras. Os professores não percebem que, adotando adaptações para jovens, tornam-se cúmplices desse crime. *(pág. 90)*

Gustavo Bernardo parece separar bem o que se faz na sala de aula, onde a atividade didático-pedagógica do resumo do livro literário seria até bem-vinda, por ser capaz de fazer o aluno (palavras do autor) ver melhor as ambiguidades do texto, as metáforas que ele contém, do que se faz fora da escola, nas editoras, por exemplo, que publicam revistas facilitadoras da leitura de uma obra, como a *Reader's Digest* (em um caso, pode; em outro, não pode). Mas não é, no fundo, a mesma coisa? Ou, ao menos, não teriam o resumo e a adaptação a mesma natureza? Nos dois casos não se condensa um texto narrativo literário? Segundo esse autor, "Todas as adaptações são obviamente muito menores do que os originais que adaptam" (pág. 90). Claro, uma adaptação é um resumo (palavra que, no jargão editorial desse tipo de revista, é substituída por outra mais elegante, "condensação"). Bernardo, nessa mesma página, vem com uma explicação em sociologuês: o resumo da obra literária corroboraria "a tese de que a velocidade da vida moderna exige livros cada vez mais finos"; mas isso é só efeito do crime do resumo. Prossegue ele:

> Ora, esta exigência implica outra: deve-se ler cada vez menos. Deixa-se implícita a derradeira exigência: deve-se pensar cada vez menos, até que finalmente todos parem de pensar. *(pág. 90)*

Se é assim mesmo, como diz o autor, infere-se que, miseravelmente, e contrariamente ao que se espera do ambiente escolar, tudo começa na sala de aula e não na editora. Graças ao desestímulo à leitura da literatura, à inoperância desse seu professor cuja tarefa de levar o aluno a apresentar resumos desmerece a leitura do original. Pois a nota é dada ao resumo, não ao ato de ler. No cabo desse humilhante trajeto, estão as editoras, que comercializam sínteses de romances notáveis, criando, no leitor, o sentimento de desnecessidade de ir atrás do original, dando-lhe a sensação de realmente ter entrado em contato com o universo — intraduzível — da escrita literária. Pois, como diz Bernardo, "Jovens que leem uma adaptação crescem convencidos de que já leram o livro que de fato nunca leram" (pág. 91). O engraçado é que, numa página, ele diz que a prática do resumo permite compreender melhor a construção literária, de que a metáfora é ingrediente fundamental, enquanto em outra afirma que a adaptação — outro nome para "resumo" — emburrece o seu público. Como entender tal contradição, se se trata do mesmo fenômeno?

O que peço ao leitor desta revista é que leia o livro de Gustavo Bernardo, que, em outros capítulos, é brilhante, esclarecedor, persuasivo, convincente, profundo, apesar da simplicidade estilística e argumentativa que normalmente adota. Livro bom de ler, instrutivo, provocador também — principalmente nesses dois capítulos que comento aqui, nos limites estreitos de um artigo despretensioso para leitores vários. Se ele quis suscitar uma discussão, conseguiu. Eis-me, por exemplo, aqui e agora, debatendo suas ideias.

Segredos da Vírgula[5]

Como uma heroína de romance, a vírgula tem também seus segredos. Às vezes é traiçoeira, adúltera incorrigível, às vezes comporta-se como a mocinha dócil, à espera do amado. Nós é que temos de domá-la, além de entendê-la. Uma forma é saber que artimanhas ela esconde, já que não raro é rebelde e não se ajusta totalmente às regras a que a condenaram nas diversas gramáticas e manuais. Sabe, pois, enganar — é a Capitu do sistema de pontuação. Tão ardilosa que faz o néscio achar que ela só está ali na frase por causa da respiração, da pausa e da melodia da frase. Mas nada disso serve como justificativa para o seu aparecimento, porque a vírgula, assim como os demais sinais de pontuação, é apenas uma marca sintática, pouco se importando com música e interrupções do som em prol do silêncio. Uma sonsa, eu diria!

Juntando os Pedaços

Foi pensando assim que um dia pedi a meus alunos de letras que reunissem cinco alíneas, dispersas e fora de ordem, em um texto, organizando-as em um todo coerente e inteligível, capaz de comunicar algo com clareza. Com as fatias desarrumadas, o aluno deveria apenas juntar o que estava solto.

Eis as alíneas:

1. e perderia votos

[5] Ensaio publicado na revista *Conhecimento prático língua portuguesa*, nº 50, pela Editora Escala, de São Paulo, pág. 32-37 [set./out. 2014]

2. assessores presidenciais e petistas diziam
3. se o evento desse errado, dentro e fora do campo
4. que Dilma Rousseff seria a principal prejudicada
5. o governo temia o impacto da Copa do Mundo nas próximas eleições

Como eu só trabalho com textos autênticos, ou seja, textos que de fato existem e circulam na sociedade, não sendo, pois, textos fabricados, no mau sentido do termo, para o ensino — o que seria péssimo, porque isso mascararia a real situação da linguagem que efetivamente se usa no país, nos diversos órgãos de imprensa, por exemplo —, servi-me, nesse exercício de classe, de um trecho de reportagem que saiu na revista *Veja* (edição 2.379, de 25 de junho de 2014, pág. 115).

Enfileirei, assim, orações, soltas e desconectadas, para que o aluno, atentando para noções de coesão e gramaticalidade, recompusesse o texto que o articulista compôs. O resultado dessa tarefa seria, desse modo, a volta ao estado original do texto transcrito da revista, sem tirar nem pôr. Mas, para isso, era preciso observar alguns critérios: 1. não introduzir nenhuma palavra nova; 2. não retirar nenhuma palavra; 3. manter a estrutura da oração, não sendo permitida a inversão de termos.

Está previsto nesse tipo de atividade que as respostas até divirjam um pouco, antes que o professor as comente. Ainda que o aluno consiga unir bem e eficientemente os fragmentos, os primeiros resultados podem não coincidir, palavra por palavra, sinal de pontuação por sinal de pontuação, com o original impresso, embora alguns elementos tenham mesmo posição fixa e inalterável. Por exemplo: a alínea 5 deve começar o texto porque, nela, se diz claramente o nome do acontecimento em torno do qual gira a comunicação: "Copa do Mundo". Nada mais claro e efetivo do que isso. Só depois é que apareceria, para evitar a repetição dessa locução substantiva, o termo "evento", que é termo de retomada do primeiro, por hiperonímia. Se a alínea 5 inicia o texto, a alínea 2 lhe dá continuidade. Vejamos por partes esse trabalho de redação:

> O governo temia o impacto da Copa do Mundo nas próximas eleições. Assessores presidenciais e petistas diziam

Última na relação dada, a alínea 5 é a mais clara e definida de todas. É assim que, devendo ser a primeira frase do texto, passa a iniciá-lo. Além disso, é sintaticamente a mais completa, com os seus termos na ordem direta: sujeito ("O governo"), verbo ("temia"), objeto direto ("o impacto da Copa do Mundo") e adjunto adverbial de tempo ("nas próximas eleições"). E, se a ordem é direta, tudo deve ser dito diretamente, sem interrupções sintáticas — o que dispensa, é claro, o aparecimento de vírgulas. Já a alínea 2, de natureza fragmentária, termina com a forma verbal "diziam", verbo transitivo, sem que seu objeto apareça aí. Afinal, quem diz diz alguma coisa. O que diziam tais criaturas palacianas? Resposta: "que Dilma Rousseff seria a principal prejudicada" (a alínea 4). Mas não só isso. Diziam também que ela "perderia votos" (a alínea 1). Perceba-se o conectivo aditivo "e" unindo os dois objetos diretos desse verbo. Ambos os verbos, "seria" e "perderia", estão no futuro do pretérito, mostrando que a coordenação é legítima, por exigir igualdade de condições. Elementar, caro aluno! É só juntar agora, nesta ordem mesma, as alíneas 5, 2, 4 e 1. E vejamos como ficou o texto até este momento de sua elaboração:

> O governo temia o impacto da Copa do Mundo nas próximas eleições. Assessores presidenciais e petistas diziam que Dilma Rousseff seria a principal prejudicada e perderia votos

O que faltou, leitor? O que ficou de fora? A alínea 3: "se o evento desse errado, dentro e fora do campo", condição para que Dilma Rousseff saísse prejudicada e, naturalmente, perdesse votos. Quem mandou a presidente atrelar o sucesso de sua candidatura à vitória da nossa briosa e valente seleção? O que aconteceu já sabemos todos; e nem quero abrir mais a boca para falar disso! O que importa é que, agora, pelo menos o texto terminou bem, com tudo no lugar:

> O governo temia o impacto da Copa do Mundo nas próximas eleições. Assessores presidenciais e petistas diziam que Dilma Rousseff seria a principal prejudicada e perderia votos, se o evento desse errado, dentro e fora do campo.

Vírgulas Casadinhas

Já aviso que o texto da *Veja* não teve exatamente essa ordem. Foi por isso que logo pensei em propor outra forma de redigir o mesmo texto. Que os alunos mudassem de lugar a única oração subordinada capaz de ser deslocada. Isso porque, pela minha experiência, sabia que eles iam escrever na ordem direta, o que parece sempre mais fácil. Restava saber, para então poder continuar o exercício, que oração a ser deslocada seria essa, a única em todo o texto. Ora, é a subordinada adverbial condicional, aquela que se inicia com a clássica conjunção subordinativa condicional "se". Afinal, orações adverbiais são como advérbios, palavras e expressões que podem mudar de lugar, ficando ora aqui, ora ali, antes do verbo, depois do sujeito, antes dele, iniciando a oração, terminando-a, desde que tal remanejamento, claro, não gere distúrbios de sentido ou ambiguidades insolúveis.

Quantas orações há no texto? Cinco. É só verificar que cada alínea traz uma forma verbal: "perderia", "diziam", "desse", "seria" e "temia". Cinco fatos distintos, sem possibilidade de pelo menos dois deles virem a constituir locução verbal! Nesse meio, só a alínea 3, a que se inicia com esse "se" condicional, é que traz a única oração de valor adverbial, sendo, portanto, a única também que pode sair do lugar em que está e ir para outro — sem, no entanto, poder ficar em qualquer um, como veremos.

Os alunos foram à luta depois desse novo comando. E alguns se saíram bem, outros mal, outros pouco menos mal, como é do jeito de dizer de Machado de Assis. Um resultado sofrível foi este:

> O governo temia o impacto da Copa do Mundo nas próximas eleições. *Se o evento desse errado, dentro e fora do campo*, assessores presidenciais e petistas diziam que Dilma

> Rousseff seria a principal prejudicada e perderia votos.

E por que essa redação está para lá de ruim? Primeiro, porque o fato de "dar errado" é posterior ao fato de "dizer". Antes se *diz*, depois se vê o que *acontece*. Pela frase acima, fica claro o inverso disso. Assessores presidenciais e petistas fazem, sim, seus prognósticos; e, como a própria etimologia indica, o prognóstico ("conhecimento antecipado, prévio", do grego *prógnosis*) ocorre, evidentemente, antes de o evento realizar-se, não depois (aí não seria mais um prognóstico, mas a confirmação de uma probabilidade). Segundo, porque faltaria a indefectível correspondência dos tempos verbais: a presença de uma condição com verbo no pretérito imperfeito do subjuntivo ("desse") só se dá porque suas orações principais (sim, suas orações principais, unidas pelo "e") trazem o verbo no futuro do pretérito ("seria" e "perderia"). Note-se que o tempo verbal utilizado foi outro, "diziam", no pretérito imperfeito do indicativo, o que desqualifica a versão acima. Uma coisa não tem nada a ver com outra. Copiou, leitor?

A solução para esse problema de redação é, pois, colocar essa subordinada adverbial em outro canto do texto. Alguns alunos acertaram na mosca:

> O governo temia o impacto da Copa do Mundo nas próximas eleições. Assessores presidenciais e petistas diziam que, *se o evento desse errado, dentro e fora do campo*, Dilma Rousseff seria a principal prejudicada e perderia votos.

Como se vê, foram respeitadas todas as exigências semânticas e sintáticas. O fato de Dilma Rousseff sair-se bem ou mal nas eleições depende apenas, nessa análise feita por *Veja*, de uma condição, conforme previram seus assessores e colegas de partido: o resultado — bom ou ruim — do evento da Copa do Mundo. Se ele for um sucesso, disseram eles em coro, a presidente terá praticamente garantida a sua reeleição; mas, se for um fracasso, ela sairá afetada e perderá votos. Do ponto de vista sintático, a correspondência entre tempos e modos verbais está, agora sim, perfeita: "seria" e "perderia" combinam com esse "desse", que aparece na oração subordinada condicional. O que só prova que a condicional teria de inserir-se onde realmente se inseriu. Separou pedaços da mesma oração, à qual se subordina: ficou entre a conjunção integrante "que" e o resto da oração.

Aí é que entram em cena as vírgulas. Com o deslocamento dessa subordinada, houve necessidade de uma vírgula dupla, aquela que já nasce casada: se existe uma, tem de existir a outra, combinadinhas ambas, almas gêmeas. Uma vem antes da expressão deslocada, outra depois dela. Erra quem puser uma só, ou antes ou depois. A conjunção integrante "que" não faz parte, portanto, da oração iniciada pela condicional "se". Daí a vírgula entre essas duas conjunções, separando-as, porque elas pertencem a orações diferentes: "diziam que, se o evento desse errado, dentro e fora do campo, Dilma Rousseff seria a principal prejudicada e perderia votos". Depois a segunda vírgula, encerrando a oração condicional.

Intervenções Cirúrgicas

Isso me leva a fazer uma reflexão a respeito do uso da vírgula em cima do meu próprio texto, este artigo que ora publico, sobre esse tema. Peço ao leitor que dirija um pouco os olhos para dois parágrafos anteriores a este. Procure a frase em que também me sirvo de orações condicionais com o inconfundível "se". Repito, aqui, o período que interessa:

> Se ele for um sucesso, a presidente terá praticamente garantida a sua reeleição; mas, *se for um fracasso*, será afetada com a perda de votos.

Repare, leitor, que, depois do ponto e vírgula, eu coloco duas conjunções juntas, coladas uma à outra: "mas" e "se". Elas iniciam orações diferentes: a primeira, nessa sequência, é "mas será afetada com a perda de votos" enquanto a segunda é "se for um fracasso". Acontece que, à semelhança do que se deu no texto de *Veja* que analiso, uma oração se colocou dentro da outra, imiscuindo-se, inserindo-se: a oração subordinada adverbial condicional atravessa a oração coordenada sindética adversativa, que fica como que mutilada. A vírgula dupla é, pois, obrigatória aí, por assinalar que foi feita tal intervenção cirúrgica. No entanto, se a condicional for transposta para a sua chamada posição natural, pospondo-se completamente à adversativa, a vírgula passa a ser optativa, uma vez estabelecida a ordem direta:

Se ele for um sucesso, a presidente terá praticamente garantida a sua reeleição; mas será afetada com a perda de votos *se for um fracasso*

Por aí já dá para perceber que a vírgula aparece ou desaparece não por pressão de um eventual ritmo e musicalidade que se queira imprimir à frase, até porque pontuação é problema de língua escrita, e não de língua oral. Trata-se, antes, de uma questão estritamente sintática, pois se pode pôr vírgula onde não se faz pausa ou retirá-la mesmo quando há necessidade de descansar a voz. A vírgula tem lá seus caprichos, sim, e todos eles existem para marcar procedimentos de sintaxe.

A Vírgula e o Discurso

Por fim, o leitor poderia se perguntar por que, no texto de *Veja*, o adjunto adverbial "dentro e fora do campo", já que ocupa a posição prevista, no fim da oração a que pertence, se encontra separado por vírgulas. Não deveria, pois está dentro da regra da ordem direta. É que, mesmo assim, as vírgulas, cercando esse adjunto adverbial, agem *discursivamente*, e não sintaticamente. Se se olhar apenas o critério sintático de justificação de seu emprego, elas não teriam razão de ser. Mas o discurso é, como dizem Celso Cunha e Lindley Cintra, em sua *Nova gramática do português contemporâneo*, "a língua no ato, na execução individual" e beira a noção de "estilo", peculiar a quem escreve.

Dito assim, tal modo de ver a língua prescinde de uma explicação meramente gramatical; aliás, como o atesta o exemplo, até a contraria. O autor da frase, no contexto de sua argumentação, quis mostrar, com todas as forças de que são capazes a inteligência e o desejo de expressão, que Dilma Rousseff não escapa a um julgamento mediado pela importância política e cultural do futebol em terras brasileiras, principalmente porque a própria dirigente do país se impôs essa relação, a de vincular a vitória nas urnas à vitória na Copa. As vírgulas, que de inocentes não têm nada, ajudam, aí, a pôr em destaque a expressão de tal ideia, e, mais importante, fazer o leitor refletir sobre essa vinculação. Aparecendo onde normalmente as vírgulas não seriam requeridas — afinal, está tudo certinho, o adjunto adverbial está em sua posição mais do que esperada, ao fim da oração —, o conteúdo do termo é realçado por esse sinal de pontuação, informando, subliminarmente, que Dilma não tem jeito: para onde for o resultado do Mundial deverá ir a presidente. O articulista estaria apenas salientando o fato, recriminando-o talvez.

Minúsculos corpos incrustados na oração, as vírgulas ampliam e reforçam o sentido da inexorabilidade do destino político da presidente Dilma, fazendo pular aos olhos do leitor o poder de convencimento disso, graças ao emprego desse recurso linguístico. Um professor de língua portuguesa não pode perder de vista, portanto, esses segredos que, como só o faria tão bem Capitu, a vírgula possui e disfarça. Se não se tratar de uma exigência sintática, como é o caso, a pontuação depende muito do que o autor de um texto, discursivamente, *pretende dizer*, pondo-se à revelia de uma regra que diz, nesse caso, que as vírgulas devem ser dispensadas. Tanto não devem que elas aí estão. Dizendo mais e melhor do que qualquer palavra.

Vil, Infantil, Quase Santo[6]

O ponto e vírgula é um sinal maneiro. Quem o acha pomposo ou arrogante não sabe bem quem é ele nem a facilidade que tem para exigir o seu emprego. Fica parecendo, para muitos, hoje em dia principalmente, que é um sinal de pontuação marcado pelo tempo, um tempo que já passou, tornando-se assim meio fora de moda seu emprego, sem encontrar quem lhe queira fazer justiça ou dar a devida atenção. O mal disso tudo deve ser porque cada vez mais as pessoas têm optado por frases muito curtas, sem nem saber por que o fazem; servem-se de frases praticamente telegráficas (dizia um antigo professor meu: "Escrevam pouco, porque, quanto mais escreverem, mais errarão!").

Sabe-se, por observação quase que casual e sem muita ciência, que o ponto e vírgula gosta de se alojar em frases mais densas e arrastadas, provavelmente aquelas "de sabor literário", conforme se costuma rotular, também sem muita reflexão. Além de certa literatura, tanto a Bíblia quanto tratados jurídicos adoram esse sinal. Talvez pela noção de sisudez que caracteriza esses gêneros textuais.

Dito desse modo, parece que confirmo a tese de que o coitado do ponto e vírgula está restrito aos textos antigos ou, mais proximamente, confinado ao século XIX, época em que a prosa atingiu elevado grau de realização, vindo a competir com o verso o privilégio, cada vez mais crescente, de reinar em instituição tão

[6] Ensaio publicado na revista *Conhecimento prático língua portuguesa*, nº 53, pela Editora Escala, de São Paulo, pág. 26-33 [mar./abr. 2015]

valorosa quanto o foi a literária, sem medir forças com outra que lhe pudesse empanar o brilho. Sim, o ponto e vírgula tem algo de vetusto e cerimonioso, elegante e formal, pouco se dando com o despojamento da linguagem hodierna, o qual já contaminou o campo da chamada escrita padrão. E é usado ainda, como se há de ver. Menos na literatura, porém, do que no jornalismo.

Sustância Contra Definhamento

Na edição 2.406 da revista *Veja*, de 31 de dezembro de 2014, entre as páginas 36 e 38, deparei com o emprego, abusivo até, desse sinal de pontuação. Trata-se de um artigo do cronista Roberto Pompeu de Toledo, que analisa a atualidade, decorrido um século, da política e da vida nacional com suas habituais manobras e desserviços a seus habitantes, desde que o Brasil foi inventado. O articulista serviu-se, como apoio à sua ideia, de algumas páginas da obra romanesca do escritor carioca Lima Barreto, arguto e severo (mas não injusto) observador da triste realidade do país no início do século XX, situação que, no fundo, pouco ou quase nada mudou de lá para cá.

Em certos momentos da crônica que o jornalista intitulou “Na aurora da República”, percebi que se misturam, a ponto de confundir-se, sintaxe e sentimento tanto do autor, Pompeu de Toledo, quanto do *corpus* analisado, Lima Barreto. Ou seja, Toledo parece imitar o estilo escritural desse autor pré-modernista. Em ambos avulta, e faz-se notar, o gosto — mas não é só gosto, é necessidade imperiosa de expressão — pelo ponto e vírgula, fato que revela a pertinência, ainda hoje, do emprego desse sinal. Se não, o articulista de *Veja* não mais o usaria, atento que é às transformações históricas do Brasil, no meio das quais a linguagem. Eis, aqui, a primeira passagem, a analisar, de Roberto Pompeu de Toledo, escrita de próprio punho, como tão bem o faria hoje Lima Barreto, se estivesse vivo:

> De uma população que não chegava aos 20 milhões de habitantes, nos alvores da República, hoje avançamos para dez vezes mais; o PIB é um dos dez maiores do mundo; a sociedade é mais diversificada e complexa.

O que nota aí, leitor, no uso repetitivo do ponto e vírgula, em período de boa extensão como esse? Hoje, qualquer jornalista acostumado às frases curtas e sincopadas e aos ensinamentos dados pelos autores modernistas da primeira hora talvez ache que pôr um ponto, em vez do ponto e vírgula, entre cada sequência dessas, seja mais do que suficiente e apropriado aos novos tempos, julgando assim garantir pretenso ar de modernidade ao seu escrito. Fica-se, nesse prisma, ao lado de um Oswald de Andrade ou, já por outros motivos, de um Graciliano Ramos. Em favor de tal opção estilística, dada essa aclimatação aos sopros vindos do modernismo, imaginemos a mesma frase em outra versão:

> De uma população que não chegava aos 20 milhões de habitantes, nos alvores da República, hoje avançamos para dez vezes mais. O PIB é um dos dez maiores do mundo. A sociedade é mais diversificada e complexa.

Nada mau, não? Saem os pontos e vírgulas e entram os pontos.

Aparentemente a informação não se altera, mas é só aparência. Essa forma modernosa, ao menos aqui, é a mais inexpressiva das formas, inferior à feliz solução encontrada por Pompeu de Toledo, que, ao preferir o ponto e vírgula, separando — ou unindo? — as partes relativamente independentes do discurso, conseguiu imprimir à sequência mais dinamismo e capacidade argumentativa, pois, concentrando em um só bloco o tópico de que trata, fez compreender a força dessa comparação entre o Brasil de hoje em dia e o dos primeiros momentos da República.

Com o ponto e vírgula (mas não com o ponto, que cria limites e fronteiras entre as partes do enunciado), a relação estreita entre todos esses fatos ficou mais evidente, em conexão bem menos fragmentada. Unir dá sustância; dividir enfraquece, faz definhar a expressão. A reunião das sequências em um só período, por meio do ponto e vírgula — não são três períodos, como o seria, caso se optasse pelo ponto —, conferiu maior unidade ao que se quer informar. O leitor, ao ver isso, intui que não se deixou de lado o tópico; o ponto e vírgula impede o leitor de distrair-se e julgar que aquilo que vem depois do ponto (se fosse o ponto o sinal utilizado) pode trazer outro tópico semântico, anunciando outra coisa. Claro que, depois de conferir bem, estando os pontos na frase, se percebe que o tópico não mudou. Digamos, então, que a opção preferencial pelo ponto e vírgula, nesse caso, evitaria que o leitor perdesse tempo.

Sonso e Desavergonhado

Eis aí um bom truque para saber se se deve usar o ponto e vírgula com competência: em primeiro lugar e antes de tudo, verifique-se se as partes do texto que o sinal pode ligar são partes coordenadas entre si. Assim se dá no exemplo tirado de *Veja*, sem dúvida. Pois, apesar de cada sequência referir-se a um pormenor individualizado das condições econômicas do Brasil atual — o crescimento demográfico brasileiro, a relevância do nosso PIB em face de, pelo menos, nove países desenvolvidos e a complexidade da sociedade —, foi mantido o tema da modernização da nossa vida social e econômica o tempo todo, nesta que é uma comparação entre o que se vê por aqui hoje e o que se via no alvorecer da República. Apesar da semelhança semântica entre os subtópicos, cada um deles guarda sua autonomia. Há, assim, três blocos coordenados entre si, como se pode ver no diagrama abaixo:

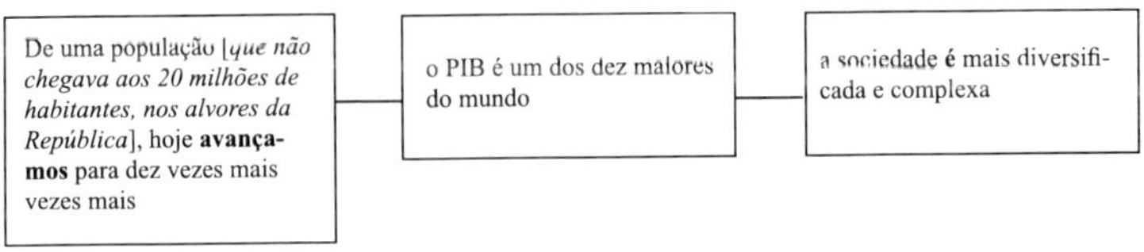

A sequência dos fatos, dispostos em um só período, unidos sem conectivo, é percebida na sua inteireza (a presença do ponto perturbaria essa noção por causa da fragmentação que o seu uso normalmente impõe). Imaginemos, no entanto, outra situação: o leitor, se quisesse colocar aí uma conjunção, unindo os blocos então assindéticos, optaria por qual? Um minuto para pensar.

Caberia, sem dúvida, um "e" aditivo. Evidentemente, o período iria padecer de monotonia produzida por essa melodia arrastada, tal como ocorre com a fala das crianças, que, com tanto "e" e com tanto "aí", dão curso às narrativas que constroem. Ademais, o conectivo "e" é aquele que, em situação de oralidade, na qual é usado quase à exaustão, pelas crianças sobretudo, é o que melhor revela, por isso mesmo, sua falta de personalidade, já que dá para tudo. Quando se quer suavizar a expressão e ocultar uma relação semântica precisa entre orações, recorre-se sempre e invariavelmente ao coitado do "e", pau para toda obra. Na frase "Ela roubou e não foi responsabilizada por isso", melhor seria dizer, por amor à clareza e à capacidade de argumentar, "Ela roubou *mas* não foi responsabilizada por isso", porque o "mas", estando presente, acentua o erro grave dessa cidadã, quase se exigindo para ela punição exemplar.

Já dá para perceber, pelo arrazoado acima, que o conectivo "e" mascara a verdadeira relação de ideias; come pelas beiradas, como se diz. Um conectivo sonso e vil, além de infantil (as crianças, quando o usam abusivamente, fazem-no sem malícia, apenas porque ainda carecem de amadurecimento sintático). Vil, infantil e ainda quer passar por santo, inocente! Será, pois, que tão excelsas qualidades do "e" se transferirão para o ponto e vírgula, se é que este também não tenta iludir a boa-fé do leitor? Pode ser, porque — com a ausência de uma conjunção que exprima bem e claramente o que se quer dizer — o ponto e vírgula termina por colaborar com a desfaçatez linguística da conjunção aditiva. Mas, convenhamos, *malgré tout*, é artifício elegante! Confere — mais do que a vírgula ou que o ponto — coesão entre as partes que ele une.

A Lição de Isaías

Lima Barreto, encarado no artigo de Roberto Pompeu de Toledo como o cronista dos primeiros anos da República, é tomado como parâmetro para provar que pouco mudou no campo da política brasileira desde então. Numa das vezes em que ele é citado, especialmente em uma passagem que Toledo extraiu do capítulo III de *Recordações do escrivão Isaías Caminha* (1909), Barreto manifesta-se pródigo no uso do ponto e vírgula:

> À esquerda, lá ao longe, quase na minha frente, alguns viam cartões-postais; um outro, sob meus pés, isolado, no burburinho, escrevia febrilmente, erguendo, de quando em quando, a caneta para pensar; uma roda de três, à esquerda e ao fundo, conversava sorrindo; ao fundo ainda, mas um pouco à direita, um deputado gordo, com o calor que com o correr do dia se fizera mais forte, esquecido no sono, por detrás de um par de óculos azuis, roncava perceptivelmente.

Como quem descreve uma cena de um filme, com rápidos e às vezes furtivos movimentos de suas personagens, o narrador Isaías Caminha compõe, por esse exemplo, um painel capaz de representar a rotina dos nossos políticos, em certa sessão da câmara legislativa do Rio de Janeiro, no começo do século XX, depois da então recém-instaurada República (mas bem que isso poderia se dar em qualquer cidade brasileira, ontem e hoje). Alguma semelhança com os dias que correm, nesse mesmo contexto, não chega a ser mera coincidência. Como se percebe, um deputado, aqui, rabisca qualquer coisa no papel; outro, ali, diverte-se vendo cartões-postais; mais adiante três deles conversam e sorriem, como que alheios ao que se passa ao redor; outro, mais ao longe, dorme e ronca (também, com este calor!). A cena é uma só, mas, dentro dela, avultam quadros menores ainda, destacados um do outro pelo uso do ponto e vírgula. Flashes independentes: o deputado que dorme, por exemplo, nada tem a ver com aquele que se diverte vendo cartões-postais, e vice-versa.

Por que teria usado aí Lima Barreto, abusivamente, o ponto e vírgula? Volto ao início deste artigo. Usou, porque, da mesma forma que Roberto Pompeu de Toledo em sua crônica, o narrador Isaías teve uma visão geral, ampla e panorâmica da realidade focalizada (o interior da Câmara dos Deputados do Rio de Janeiro), cujos subtópicos — um faz isso, outro faz aquilo —, dando-se simultaneamente, coordenados e autônomos dentro da cena maior, são suas partes destacadas. Daí poder-se usar também, entre um subtópico e outro, como vimos, um conectivo, mas um assim meio safado, não qualquer um. Um que, definitivamente, não tenha personalidade, como é o caso do "e" aditivo, cuja inserção na frase, ainda que por uma operação mental, é capaz de provar cabalmente que, ali, foi empregado o processo sintático da coordenação.

Mas, com elegância, Isaías Caminha, sem querer tornar polissindética a sua longa frase, nem fragmentá-la com pontos intermediários à moda dos modernistas que estavam por vir, preferiu dar mais coesão à cena, representando-a integralmente, valorizando a simultaneidade das ações. Enfim, mostrá-la como uma totalidade indivisível, apesar de os momentos que dela fazem parte serem inconfundíveis e terem fisionomia própria. Daí, então, o uso do ponto e vírgula, que não é uma simples vírgula nem estabelece demarcação nítida como o faz o ponto. No meio do caminho, o ponto e vírgula, parecendo ser um sinal misto, é o que melhor dá expressão a essa cena, porque a mostra por inteiro, ao mesmo tempo que focaliza os pequenos quadros que a constituem.

As subordinações existentes em alguns subtópicos são informações secundárias: "erguendo de quando em quando a caneta", "para pensar", "sorrindo", "que com o correr do dia se fizera mais forte", "esquecido no sono, por trás de um par de óculos azuis". Para isso serve a vírgula, nunca o ponto e vírgula. Este só pode figurar entre blocos coordenados. Tais subordinações, vistas entre colchetes, se agregam, como pano de fundo, à informação básica que está no interior de cada subtópico, conforme o explicita este diagrama:

À esquerda, lá ao longe, quase na minha frente, alguns **viam** cartões-postais	um outro, sob meus pés, isolado, no burburinho, **escrevia** febrilmente [*erguendo, de quando em quando, a caneta para pensar*]	uma roda de três, à esquerda e ao fundo **conversava** [*sorrindo*]	ao fundo ainda, mas um pouco à direita, um deputado gordo, com o calor [*que com o correr do dia se fizera mais forte*], [*esquecido no sono, por detrás de um par de óculos azuis*], **roncava** perceptivelmente

Coordenam-se entre si, portanto, as ações principais ("viam", "escrevia", "conversava", "roncava"). Quem compõe a cena total por meio de uma distribuição de quadros pode escolher, para ressaltar — ou para mais ou para menos — cada um deles, ou o recurso do uso do conectivo "e" (opção primária, salvo se o polissíndeto fizer parte de um premeditado programa estilístico); ou o uso do ponto para forjar orações absolutas (no melhor estilo modernista, mas, no caso, com prejuízo à ideia de totalidade); ou, enfim, o uso do ponto e vírgula, mostrando que não são tão absolutas assim tais ações. Pois estas — graças mesmo ao ponto e vírgula, presente nesse excerto barretiano — se coordenam moral e estilisticamente! Ontem e hoje. Para o bem ou para o mal do Brasil!

Artigos de
Sérgio Simka

Compromisso com a Ascensão Linguística[1]

Costumo propor a meus alunos, a cada início do semestre letivo, uma pesquisa de campo voltada ao levantamento e posterior análise dos erros de português em textos escritos, em quaisquer suportes: panfletos, *flyers*, volantes, cartas, *e-mails*, avisos, comunicados, *outdoors*, jornais, revistas, apostilas, placas, muros, faixas, cardápios, bulas de remédios, caixas de creme dental, de panetone etc.

Da estranheza do primeiro momento à constatação de que o trabalho exigirá um esforço e tanto, pois – julgam – será difícil encontrar os tais erros, a experiência tem mostrado que os alunos, à medida que alguns conteúdos gramaticais são apresentados durante as aulas, começam a identificar erros ´terríveis´ que antes passavam totalmente despercebidos.

É interessante observar as reações deles diante da forma como determinadas palavras são grafadas – um verdadeiro festival de erros –, quando passam a conhecer a grafia correta. À guisa de exemplificação, seguem algumas dessas palavras (as formas corretas aparecem entre parênteses): “mussarela” (muçarela), “catupiry” (catupiri), “apto.” (ap. ou apart.), “stand” (estande), “stress” (estresse), “shampoo” (xampu), “kibe” (quibe), “clips” (clipe), “chopps” (chope), “cd´s” (CDs) etc.

[1] Texto publicado na revista *Conhecimento prático língua portuguesa*, nº 46, pela Editora Escala, de São Paulo, pág. 52-53, 12 fev. 2014.

Após a sondagem, os alunos se reúnem em grupo para a análise dos erros, procedendo-se às justificativas, buscando subsídios teóricos em manuais de gramática, dicionários, *sites* de tira-dúvidas etc.

Muitos poderão me criticar, dizendo que se trata de um "requinte excessivo" deste escriba preocupar-se com a maneira como as palavras são grafadas, em face de questões mais graves, que demandam dos professores mais atenção, como o mau uso do acento grave, que muitos acham que é crase, ou mesmo problemas ligados à produção de textos escritos e seus abismos abissais.

Pode até ser, mas, mesmo quando o professor trabalha o texto em sala de aula, este se inicia pela palavra. Imagine um texto sobre corrupção cujo título seja: ´Corrupção nascional´. Não há erro de digitação: um infeliz candidato a um curso de direito atribuiu à sua redação esse título sobrenatural. Fico imaginando se o indivíduo não costuma grafar ´piscina´ deste jeito: ´picina´.

Não resta dúvida de que minha proposta é um exercício bem simples, mas este põe em xeque (e não ´cheque´) o conhecimento gramatical dos que usam a língua portuguesa para a expressão do pensamento, além de induzir os alunos – ao se depararem com as grafias corretas – a reproduzi-las em textos posteriores.

A exposição constante ao erro faz com que, em virtude de uma inclinação natural, eles sejam ´repetidos´, daí o princípio norteador de minha atividade: estimular a consciência linguística das pessoas, despertando-lhes de um estado de inércia a que foram acostumadas por um ensino de português que exclui em vez de incluir gramaticalmente as pessoas – cujo objetivo é promover a ascensão linguística, entendida como o uso crítico e consciente do idioma para o desenvolvimento pessoal e profissional.

A preocupação que alicerça minha metodologia consiste em que os conteúdos gramaticais não permaneçam na superficialidade, na teoria, mas sejam usados no dia a dia, tanto na escrita, quanto na fala, levando os alunos a uma mudança de paradigma: o de que a língua portuguesa é complicada e cheia de mistérios.

Assim, quando, por exemplo, pedirem, numa situação específica de comunicação (num restaurante), ´um chope´ em vez do consagrado ´um chopps´, estarão praticando a língua em sua modalidade padrão, o que não os ´assustará´, porque a maneira de expressar-se faz parte de seu ´eu linguístico´, de sua personalidade de linguagem, e, consequentemente, inserida em seu convívio sociocultural e econômico.

Tal justificativa, convenhamos, pode parecer de um simplismo feroz, mas, pelo menos, estamos enfrentando o terrível mote: ´o encino de português que tive, concerteza, foi péssimo´.

Lógico que o conhecimento da grafia de determinadas palavras não implica que os alunos consigam produzir textos de eficiência comunicativa. Mas acredito que ao serem submetidos simultaneamente ao conceito de texto, entendido hoje, à luz da linguística textual, como atividade sociocognitivo-interacional de construção de sentidos, eles, por fim, acabarão escrevendo textos gramaticalmente corretos e significativos. Simples assim.*

---

*Esta nota não faz parte do artigo. Gostaria apenas de mencionar um trecho, escrito pelas professoras doutoras Ingedore Villaça Koch e Vanda Maria Elias, a propósito da ortografia: "Conhecer como as palavras devem ser grafadas corretamente segundo convenção da escrita é um aspecto importante para a produção textual e a obtenção do objetivo almejado. Sob uma perspectiva interacional, obedecer às normas ortográficas é um recurso que contribui para a construção de uma imagem positiva daquele que escreve, porque, dentre outros motivos, demonstra: i) atitude colaborativa do escritor no sentido de evitar problemas no plano da comunicação; ii) atenção e consideração dispensadas ao leitor." (**Ler e escrever**: estratégias de produção textual. 2.ed. São Paulo: Contexto, 2010. p. 37).

O Ofício de Escrever[2]

"Há pessoas que transformam o sol numa simples mancha amarela. Mas há também aqueles que fazem de uma simples mancha amarela o próprio sol."

Pablo Picasso (1881-1973)

Muitos nos perguntam de onde vêm as ideias dos escritores, se existe inspiração, como alguns escrevem um livro de 700 páginas, ao passo que outros não conseguem redigir nem mesmo um texto de 30 linhas.

Para ser um escritor, é necessário constituir-se num exímio observador do cotidiano. Enxergar o que olhos comuns não veem. Enxergar a rosa no meio do asfalto, azul onde há apenas amarelo, ver a solidão onde há pessoas passando, ouvir o silêncio, o som de seu choro.

Outro dia, logo pela manhã, estávamos no trem e começamos a observar as pessoas. Gostamos de ver as pessoas com livros, e, de repente, uma cena nos chamou a atenção. Duas mulheres: a primeira, entretida, lendo a Bíblia; a outra, igualmente entretida, lendo *50 Tons de Cinza*, no qual se podia vislumbrar um marcador de texto ostentando a figura do Altíssimo. Ambas as

---

[2] Texto publicado na revista *Conhecimento prático literatura*, nº 54, pela Editora Escala, de São Paulo, pág. 5, 23 maio 2014.

mulheres, praticamente lado a lado, separadas apenas pelo corredor central.

Para muitos, tal cena passaria despercebida; a um escritor, jamais. A este, ela pode suscitar divagações as mais interessantes, as quais despertam a imaginação, que "entra em cena" para exercer um papel fundamental – dar forma a cenários apenas idealizados.

O escritor vê a realidade e a metamorfoseia.

Mas a combustão, a chama, é *observar* tudo que nos cerca, todos os eventos, por mais banais que possam parecer, como se os estivéssemos vendo pela primeira vez. Resgate o olhar curioso da criança.

No entanto, como bem disse Thomas Edison (1847-1931), *"o gênio é um por cento inspiração e noventa e nove por cento de transpiração"*, o autor deve ter apuro na construção de seu texto.

Conforme editoras, hoje, a baixa qualidade se traduz em marca registrada da maioria dos originais encaminhados para publicação.

Portanto, é importante observar a "forma" como o texto está materializado, ou seja, se está de acordo com o que o autor esboçou no início da história; se não há contradições e incoerências; se o texto "flui" na hora da leitura; se não há parágrafos muito longos que possam cansar o leitor, afugentando-o. Além disso, se não há erros de português em profusão, o que pode comprometer não só a fluência da leitura, como pode passar ao autor atestado de "incompetência linguística", e se o texto está coerente e coeso. Há vários outros pontos que poderiam ser citados. Ficam aqui os principais, que podem servir de guia para um bom começo.

Por fim, se deseja realmente empreender a tarefa de começar a escrever aquelas 700 páginas, trate de pôr no papel suas ideias. Habitue-se a escrever todos os dias – nem que seja uma frase, um pensamento –, narre o que aconteceu, comece a enxergar a vida com olhos de escritor, ou seja, mova-se segundo essa perspectiva. Não se julgue acima dos demais, possua no íntimo a motivação que faz com que você escreva, sem uma razão preestabelecida, apenas porque sem essa tarefa sua vida não teria as cores que o seu olhar capta do cinzento da existência.

Apesar do Professor Ser Chato, Eu Gostava das Aulas dele[3]

É comum a seguinte expressão, sobretudo no final do ano letivo, quando o aluno, após estudar o que não estudou durante o curso, consegue realizar uma boa prova: "Apesar do professor ser chato, eu gostava das aulas dele". Se a disciplina a que se refere o aluno for Português, então o professor deve estar excomungando o pobre infeliz até agora. Por quê?

Por vários motivos, dentre eles um de ordem gramatical: recomenda-se não contrair a preposição **de** com os artigos **o/a** ou com os pronomes **ele**, **ela**, **aquele**, **este** e **esse**, quando os artigos e esses pronomes constituírem sujeito de oração infinitiva, uma vez que o sujeito, conforme a gramática, jamais é preposicionado; é a preposição que rege o verbo.

Por essa razão, conforme a gramática, constitui erro dizer e escrever "Apesar do professor ser chato...". Diga e escreva em bom português: "Apesar **de o** professor ser chato...".

Veja outros exemplos:

---

[3] Texto publicado na revista *Conhecimento prático língua portuguesa*, nº 16, pela Editora Escala, de São Paulo, pág. 22-23, fev. 2009.

Não podia sair antes **de** a **mulher** chegar.
Sujeito

Estava na hora **de ele** receber a sogra.
Sujeito

Dependia agora **de** aquele **consultor** aprovar o projeto.
Sujeito

Já era hora **de** esse **aluno** entender a matéria.
Sujeito

Agora, é interessante observar que há gramáticos (veja quadro) que, baseados em exemplos de bons autores, defendem a contração, uma vez que soa mais natural e por representar um fato inequívoco da língua falada e escrita. Segundo eles, a contração traz a vantagem de evitar construções artificiais, tornando a frase mais agradável ao ouvido.

Acompanhe os seguintes exemplos:

"Ele se retirou, indignado pelo fato do seu presidente recusar que era chinês." (Ignácio de Loyola Brandão, *O Homem do Furo na Mão*, p. 70).

"Sabia apenas vagamente que, três dias depois dela chegar ao Porto, o pai tivera uma apoplexia." (Eça de Queirós, *Os Maias*, vol. II, p. 31).

"Antes dela ir para o colégio, eram tudo travessuras de crianças." (Machado de Assis, *Dom Casmurro*, cap. XII).

Além disso, alegam que a contração não infringe o princípio gramatical de que o sujeito não deve ser regido de preposição. Para comprovar, fornecem o seguinte exemplo: "Sabia-o, senhor, antes do caso suceder" (Alexandre Herculano), em que a preposição **de** não rege o sujeito caso, mas o verbo suceder (antes de suceder o caso), ainda que contraída com o artigo **o**. Não houve alteração sintática ou de regência, mas apenas uma alteração de ordem fonética, atendendo à espontaneidade de expressão.

Palavra de Gramático

"***Está na hora da onça beber água***, construção normal que não tem repugnado os ouvidos dos que melhor conhecem e escrevem a língua portuguesa. Alguns gramáticos viram aí, entretanto, um solecismo, pelo fato de *se reger de preposição um sujeito*. Na realidade não se trata de regência preposicional do sujeito, mas do contato de dois vocábulos que, por hábito e por eufonia, costumam vir incorporados na pronúncia. A lição dos bons autores nos manda aceitar ambas as construções, ***de a onça beber água e da onça beber água.*** (...)

O problema que, do ponto de vista puramente gramatical, a rigor, termina nessa dupla possibilidade de emprego; já não se mostra indiferente do ponto de vista da necessidade de proferir o sujeito enunciando-o com maior ou menor realce. Deixa-se o domínio da gramática para se entrar no domínio da estilística, da expressividade. A não combinação da preposição com o sujeito garante o valor expressivo da preposição e a ênfase posta no sujeito: É tempo de o povo querer melhores escolas, diferente, sob o aspecto de expressividade, de É tempo do povo querer melhores escolas. A simples – e contrária à dupla possibilidade que a tradição literária registra – solução gramatical de rejeitar uma forma com privilégio de outra empobrece os recursos estilísticos da língua."

(Evanildo Bechara. **Moderna gramática portuguesa**. Rio de Janeiro: Lucerna, 1999. p. 567-568).

E Você, Pede Como? [4]

As diferenças entre "pedir para" e "pedir que".

Analise as seguintes construções:

1. "Não vou pedir para sair e não tenho medo de nada." (Parreira)

2. O coordenador pediu para que os professores apresentassem seus programas no primeiro dia de aula.

Do ponto de vista da gramática tradicional, uma das frases acima apresenta um erro de regência muito comum no dia a dia. Conseguiu identificá-lo?

O problema reside na forma com que se empregou o verbo **pedir**, uma vez que há diferença entre as combinações ***"pedir para"*** e ***"pedir que"***. Acompanhe:

De acordo com a gramática, a construção ***"pedir para"*** só é usada quando as palavras ***"licença"***, ***"permissão"*** ou ***"autorização"*** estiverem claras ou subentendidas. Leia os exemplos seguintes:

> "Minha mãe ficou perplexa quando lhe pedi para ir ao enterro."
> (Machado de Assis, *Dom Casmurro*)

---

[4] Texto publicado na revista *Conhecimento prático língua portuguesa*, nº 20, pela Editora Escala, de São Paulo, pág. 12-13, out. 2009.

Pediu para ir ao cinema.

Portanto, a primeira frase traz esse sentido, pois ***"pedir para"*** significa ***"pedir licença (autorização etc.) para"***.

Vejamos mais outro exemplo. Em "O aluno **pedir para sair** antes do fim das aulas", a frase significa que o aluno ***"pediu autorização para"*** sair antes do fim das aulas.

Quando não for possível tal subentendimento, deve-se usar apenas ***"que"***, e não ***"para que"***: "**Pediram** ao professor **que** explicasse de novo a matéria" (e não pediu para o professor explicar).

Outro exemplo: "**Pediu que** fossem com ele ao jogo (e não Pediu ***"para irem"*** ou ***"para que fossem"***...).

A segunda frase, como se viu, apresenta o verbo **pedir** em desacordo com a gramática. Corrija-se para: O coordenador **pediu que** os professores apresentassem seus programas no primeiro dia de aula.

No entanto, trata-se de um caso controvertido, uma vez que escritores de renome se utilizaram da construção ***"pedir para"*** em vez de ***"pedir que"***:

> "Há dias, o Coronel me **pediu para** dar um pulo à casa dele..."
> (Otto Lara Resende, *O Braço Direito*).

"**Peço para** me guardarem a mala"
(José Geraldo Vieira, *A Ladeira da Memória*).

Palavra de Gramático

"O verbo ***pedir*** pede objeto direto de coisa e indireta de pessoa a quem se pede:

Pedi-lhe (obj. indireto) um favor (obj. direto).

Se o objeto direto é ***licença*** (ou equivalente), pode-se acrescentar uma oração adverbial de fim que indique o objetivo do pedido:

Pediu-lhe ***licença para sair*** (ou ***para que saísse***).

Este objeto direto ***licença*** pode calar-se, mas o sujeito de ***pedir*** terá de ser entendido como o mesmo do verbo da subordinada, para ter sanção tranquila na norma exemplar:

O Antônio pediu-lhe para sair (i.é: o Antônio é quem sairá).

A linguagem coloquial aproximou as ideias de ***pedir que algo aconteça*** (oração objetiva direta) e ***trabalhar para que algo aconteça*** (oração adverbial final), passando a usar a preposição ***para*** a introduzir a oração que seria objeto direto do verbo ***pedir***.

Pediu para que Antônio saísse em lugar de ***Pediu que Antônio saísse***.

Os gramáticos ainda não aceitaram a operação mental, apesar da insistência com que penetra na linguagem das pessoas cultas."

(Evanildo Bechara. **Moderna gramática portuguesa**. Rio de Janeiro: Lucerna, 1999. p. 566-567).

Artigos de
Ítalo Meneghetti

Qual o Sentido de Fazer e Ler Literatura no Mundo de Hoje?[5]

Num mundo cada vez mais veloz e fragmentado pelo encurtamento das distâncias e o encolhimento do tempo faz sentido ainda a fabulação literária?

Nos lugares diversos aonde vou sempre encontro alguém disposto a me perguntar se existe algum sentido para a literatura no mundo contemporâneo. Confesso que é uma pergunta de resposta óbvia e ao mesmo tempo em que não. Explico. A força do pensamento literário é inegável em qualquer tempo e lugar. Por isso, óbvia a resposta. Porém, a literatura se constrói da substância mais abstrata do pensamento humano e, portanto, num mundo cada vez mais materialista, sem ideais e sonhos, no qual o imediatismo tem sido a marca mais consumida e consumada das sociedades, pode ser que a literatura esteja fora de lugar e tempo. Vejamos.

Todos sabemos que o ato da leitura literária é sempre uma viagem. Mais ainda: que escrever literatura é verdadeira ousadia e desafio. Que o digam os escritores de carreira.

Afirmam os neurolinguistas que a escrita literária mobiliza toda a nossa capacidade neuronial, bem mais do que indecifráveis equações matemáticas ou mirabolantes jogadas de xadrez. O texto

[5] Artigo publicado na revista *Conhecimento prático literatura*, nº 30, pela Editora Escala, de São Paulo, 2010.

literário por escrever é a requisição cerebral em toda a sua complexidade, verdadeiro exercício de comunicação entre neurônios, algazarra de sinapses em nossa massa cinzenta.

Se a leitura do texto literário é sempre um acontecimento especial em nossas vidas e que pode ser, definitivamente, marcante e transformador, imaginem a escrita do texto literário o que deve ser na vida de alguém?

Verdadeiro impacto, a escrita do texto literário desloca a pessoa para dimensões impensáveis de si. Remete-a por lugares da alma nunca antes sondados. Atiça o espírito no rastro da luz, ainda que o texto só 'fale' de trevas (humanas), como em Charles Bukowski, Plínio Marcos e Nélson Rodrigues, por exemplo, afinal, literatura não é religião e nem se pretende, no sentido institucional e formatador de pessoas. E espírito é bem mais termo para expressar a potência da mente humana diante do enigma da existência do que conceito dogmático de falaciosos discursos sobre quem somos em nome de uma noção de Deus e todo o assédio e sanha financeira e política que isso pode gerar.

A *Literatura* não é religião. E nem a tem. É bem mais: é o "nada" diante do "tudo". Pois o escritor quando debruçado sobre a sua página em branco por escrever é o próprio enigma humano diante de si. Nenhuma resposta. Certeza alguma. Somente indagações e a doce esperança da linguagem no acalanto macio do papel ou do acolhimento luminoso da tela. Nada mais do que um caminho de ideias por percorrer. Rumos principais. Desvios vicinais. Atalhos. Trilhas. Picadas.

Escrever é uma aventura. Talvez a maior da jornada humana em sua travessia. É coisa para poucos, embora existam muitos escritores no mundo de agora. Por que tanta gente, mais e mais quer ser escritor? O que atrai tanto nessa solidão de alguém trancado num lugar imitando com a linguagem as realidades da chamada realidade? Que estranheza é essa que a tantos seduz?

De ano para ano cresce o número de oficinas e *oficineiros* da escrita literária. E as publicações sobre como se tornar escritor? A cada ano, dezenas de novos títulos no mercado mundial, o que sugere uma sedução global pelo fazer literário. E aqui uma recomendação de quem adora ler e analisar tais manuais: de todos os que li e analisei (e são tantos) o que mais me impressionou por seu vigor de escrita, bom texto, simplicidade, lucidez literária e sabedoria na escolha dos assuntos que vão desfilando em nossa leitura como bons *causos* contados ao sabor de fogueira em terras mineiras é o *Breve manual de estilo e romance* do ficcionista mineiro Autran Dourado, publicado pela Editora UFMG[6] e que me foi enviado de Belo Horizonte por Eugênio Drumond[7], meu querido amigo e livreiro virtual que encontra tudo e todo no mundo literário, basta pedir e, claro, pagar, pois é a atual profissão dele, o ganha pão, ainda que da forma mais lúdica, como ele costuma dizer.

Indo lá para o início deste artigo: *qual o sentido de fazer e ler literatura no mundo de hoje?*

---

[6] DOURADO, Autran. *Breve manual de estilo e romance*. 1. ed. atualizada. Belo Horizonte: Editora UFMG, 2009. 75p.

[7] www.livrariahumanidades.com.br

Cada livro escrito de literatura é uma cápsula de sonho e possibilidade na qual o escritor cuidadosamente alojou a sua alma e o leitor a recebe no ritual de procurar as pistas para o enigma que todo livro encerra e que todo escritor representa. Talvez, nessa passagem de escritor a leitor resida a magia e encanto do livro de literatura. Quem sabe, nesse deslocamento encontramos uma articulação de sentido para o *fazer* e o *ler* literatura, ainda que num mundo de escassez da sensibilidade e, por isso mesmo, aquilo que é literário e literatura mais e mais é precisão no cenário de hoje.

Apesar de solitário um escritor jamais está sozinho. Tem em suas mãos a melhor ferramenta que o artifício humano criou: a linguagem. Com ela pode mover o mundo. Todas as gentes. Todos os lugares. Todos os tempos.

A linguagem literária nas mãos do escritor e nos olhos do ledor parece ser a saída para um mundo apressado que correu sem preparo e fôlego até o fim da rua e a descobriu, aparentemente, sem saída. Pelo menos assim indicam as placas de sinalização e a muralha atravessando o caminho.

Existem escritores que declaram em entrevistas que só permanecem vivos porque escrevem. Também existem leitores que nas rodas de leituras revelam que só estão vivos porque praticam a leitura literária. Há livros que são escritos não para impedir a morte, mas para que a possamos ultrapassar e encontrar algum sentido adiante. Certas leituras que fazemos ocupam o papel de outras vidas em nossa vida e por meio dessa representação muitos de nós consegue viver.

Portanto, se alguém lhe perguntar se ainda faz sentido a fabulação literária, não se apresse em responder. Parece não haver resposta. Dê um sorriso qualquer como desculpa e na primeira esquina da rua desapareça na linguagem, diante do perguntador.

A literatura nos desmaterializa. Ele entenderá.

O Escritório do Escritor[8]

Espaço de estranhezas e infinitos, o escritório do escritor é lugar de acontecimentos insólitos e ermida para a solidão dessa alma feita de inquietude, sensibilidade e curiosidade permanente.

Antônio Torres tem o recanto do *Tote*[9]. Escrito numa placa de rua, como se fosse uma praça daquelas do interior do Nordeste, a sinalizar o endereço da alma do escritor, o escritório do consagrado ficcionista é uma movimentada esquina entre a palavra e a música. Sim, quem porventura visitar o ficcionista do Junco na intimidade da casa que ele compartilha com sua eterna companheira Sonia Torres, doutora em Literatura Comparada e professora adjunta do Instituto de Letras da Universidade Federal Fluminense, terá a impressão de estar sentado numa pracinha ouvindo Antônio Torres contar antigas e poéticas estórias da sua sertaneja terra natal, com um pôr-do-sol que só mesmo lendo *Essa terra*[10] para ver e sentir em toda a sua pujança de humana poesia em prosa.

---

[8] Artigo publicado na revista *Conhecimento prático literatura*, nº 36, pela Editora Escala, de São Paulo, 2011.

[9] Apelido de Antônio Torres em criança e como o chama carinhosamente sua esposa. Antônio Torres nasceu no povoado Junco, que veio a se tornar a cidade de Sátiro Dias, no interior da Bahia. Jornalista de carreira, trabalhou também como publicitário em São Paulo e Portugal. Suas obras foram traduzidas para diversos idiomas e ele é considerado um dos grandes escritores de sua geração. Nota do autor: Antônio Torres foi eleito em 2013 para a Academia Brasileira de Letras, ocupando a Cadeira 23 cujo primeiro ocupante foi o escritor Machado de Assis, um dos fundadores da ABL.

[10] TORRES, Antônio. *Essa terra*. 15. ed. Rio de Janeiro: Record, 2001.

E lá, no cantinho do Tote, construído de livros e música (da melhor cepa americana *jazzística*, clássica e nordestina genuína) é que tem início toda a estrada do escritor. Cada estória sua tateia o chão por ali e, de lá, parte para todo lugar do mundo, respingando das cores, dos sabores, dos cheiros, das texturas, dos calores, das vozes, dos sons e das fúrias do Junco na explosão sertaneja da lembrança de um espaço que nunca morre dentro do ficcionista e segue com ele vida afora (e adentro) por aonde ele for.

O cantinho do Tote, escritório do escritor Antônio Torres é dos lugares mais instigantes para se bisbilhotar, pois reúne as estranhezas e os universos do escritor em pleno trânsito entre as suas escritas e os seus guardados de romancista dos mais estradeiros de que tenho notícia. Emaranhados de linhas que dão em palavras, alguns papéis amassados, folhas esticadas, a tela infinita do computador, acesa e à espera de uma estória, o teclado de letras musicais das palavras escritas e o mundo e as suas gentes por escrever e narrar na ponta dos dedos.

E há muito mais no recanto do Tote para se explorar... Mas deixamos por lá, por enquanto, o escritor baiano agora morando em Petrópolis, quem sabe se imerso na criação de um novo romance? Silêncio. Vamos sair sem que ele perceba, na ponta dos pés, e dar uma chegadinha até Copacabana, Rio de Janeiro, no escritório do poeta maranhense Ferreira Gullar[11].

---

[11] Pseudônimo do poeta e crítico de arte José Ribamar Ferreira. Foi um dos envolvidos na criação da revista *A Ilha*, publicação maranhense que divulgou o pós-modernismo naquele estado. No início da carreira foi tido como poeta concreto. Escreve crônicas para o jornal *Folha de São Paulo* e este ano recebeu o Prêmio Camões de Literatura pelo conjunto da obra. Nota do autor: em 2014, finalmente o poeta Ferreira Gullar se rendeu a sedução da Academia Brasileira

Assim que a porta do apartamento de Ferreira Gullar se abre, *Gatinho*, o eterno bichano do poeta, se apresenta e ronda o visitante, como a lhe sondar as intenções e, em secreto código com o poeta, lhe dizer se visita ou intrusa é a pessoa que chega. Lá dentro, verdadeiro escritório-casa, o ateliê do poeta, lugar onde ele guarda os infinitos nas obras de arte e afetivas lembranças das muitas amizades de uma vida inteira dedicada às artes e ao fazer poético.

Como a sua poesia, intempestiva e intensamente humana no desarranjo cotidiano das coisas, o escritório do poeta e crítico de arte Ferreira Gullar é uma verdadeira esquina com o mundo, onde podemos topar numa virada de olhos ou de página com grandes nomes da nossa pintura e poesia em afetivas dedicatórias ao poeta do Maranhão. Existe algo de dor na atmosfera do escritório, como se cada palavra trabalhada ali tivesse deixado a marca das suas vísceras, antes mesmo de toda a sua carapaça de beleza.

É no escritório do escritor que encontramos as entranhas das suas palavras, mais até do que em seus livros. Sítio de excelência da arqueologia da palavra, o escritório do escritor é local fundamental de prospecção de campo para a Crítica Genética[12], sempre em busca dos rastros da escrita em seus meandros de

de Letras e foi eleito para a Cadeira 37 sucedendo ao poeta Ivan Junqueira.

[12] Cada vez mais a Crítica Genética tem atuado como verdadeira arqueologia do texto literário, integrante que é dos Estudos Literários, especificamente da Crítica Literária, os estudos críticos genéticos desvelam os bastidores, caminhos e descaminhos do texto literário até a sua edição, revelando sutilezas e aspectos de suma importância sobre os textos e seus autores.

rasuras e ambientes palimpsésticos[13] por onde a palavra passou e foi esgarçada ao máximo da sua tensão semântica na busca de algum sentido.

Mas antes que *Gatinho* perceba, deixamos o escritório-casa de Ferreira Gullar e, por lá mesmo, na rua do poeta, vamos dar uma olhadela, rápida que seja, no escritório do poeta, crítico, pesquisador e professor Ítalo Moriconi. Lá dentro, como no "oco do mundo", imerso entre livros empilhados, está ele trabalhando em seu computador, quem sabe na elaboração de uma nova coletânea finissecular de poemas e contos? O ar é denso. Há peso na atmosfera escritorial. Quem sabe por conta dos diversos bons contistas e poetas deixados de fora das coletâneas? Quem saberá dizer o que se passa no tormento de um contista ou poeta excluído de uma seleta de nomes e obras pretensamente melhores do século? É melhor então rumarmos para outro escritório, longe de possíveis almas penadas do traiçoeiro mundo editorial. O professor não nos viu, vamos deixá-lo, portanto, entretido em suas teorizações para justificar coletâneas e, quem sabe, mais ao sul, lá no Leblon, João Ubaldo Ribeiro nos receba em seu apartamento-ilha (de Itaparica)?

É dona Berenice quem nos recebe. Sempre bonita, educada, elegante e amável, ela nos leva até o seu marido. O escritório do escritor João Ubaldo Ribeiro, é uma festa. Tem de tudo e

---

[13] O termo *palimpsesto* designa pergaminhos que tiveram seus textos apagados para que eles pudessem ser reutilizados. A palavra significa "riscar outra vez". A prática se tornou popular uma vez que os pergaminhos ou papiros eram muito caros; no entanto, muitos textos importantes foram perdidos nesse processo de reciclagem.

de todos. Local de recolhimento das andanças do amigo mais estreito do *Sargento Getúlio* e, também, do amigo íntimo mais suspeito da velhinha de certos *budas ditosos*. Escritório onde se encontra com fartura à mesa a palavra literária, generosamente servida em pratos simples, porém plenos de sabores da Bahia e do cosmo que esse estado representa em toda a sua força semiótica e mítica. Local até mesmo, por vezes, abrigo para o intrépido Joca (João Carlos Teixeira Gomes), antes desse valente jornalista e poeta, também baiano, e dos melhores da boa estirpe baiana que conheço, ir morar lá pelas bandas de "os inocentes do Leblon", quando ousou desmascarar em grosso volume o finado Antônio Carlos Magalhães, ainda em pleno poderio político.

No escritório de escritor de João Ubaldo Ribeiro existe algo da presença (impregnada nas paredes) de mais outro baiano: Caetano Veloso. Mas é história para ilustrar outras estórias... Ubaldo agora vai caminhar nas calçadas do Leblon, rever amigos, visitar alguns bares, conversar, rir viver...

Estamos agora no escritório do poeta Salgado Maranhão, sob o compasso rítmico das suas mãos marciais. Porém, revela nesse despojamento a fluidez do poeta que se deixa escorrer sobre as palavras, pessoas, lugares, momentos e as coisas. De poucos objetos, o escritório de Salgado Maranhão guarda um misto de templo e oficina da palavra, lugar híbrido para um poeta que não reconhece fronteira entre a palavra e o homem e faz da poesia e do poema um intenso e constante diálogo no qual a matéria humana é tratada numa plena dignidade estética exercida pela competência do dom e da técnica do poeta em seu trabalho sem receio com a palavra e o homem em incessante construção.

O telefone toca e Salgado vai atender. Vamos aproveitar a deixa e sair de lá rumo ao fim do artigo, pois o poeta tem um poema inédito para trabalhar e nós, este texto para entregar.

Existem muitos outros escritórios de escritores que poderíamos visitar e bisbilhotar, mas não temos todas as páginas da revista ao nosso dispor. Deixemos então para outra ocasião, quem sabe uma edição especial? Que tal um roteiro de visitação aos escritórios dos escritores João Guimarães Rosa, Clarice Lispector, José Saramago, Carlos Drummond de Andrade, Júlia Lopes de Almeida, Jorge Amado, Pablo Neruda, Mia Couto, Paulo Dantas, Manoel de Barros, Ariano Suassuna, Mario Quintana, Adélia Prado, Paulo Coelho, André Vianco e tantos outros de uma eclética lista para o deleite de todos os gostos de ler?

O escritório do escritor é, ao contrário de todos os outros lugares de trabalho, local para o pleno exercício da alma humana, bem mais do que até mesmo as salinhas com divãs de psicanálise e locais reservados, nas igrejas católicas, para os tradicionais confessionários, onde estranhezas muitas também desfilam suas fantasias. Porém, é no escritório do escritor que as fantasias humanas ganham corpo, voz e alma e se arquitetam em enredo para o entretenimento, mas também e, sobretudo, para a reflexão sobre o desafio de vivermos marcadamente sob a égide da transformação permanente que o tempo e a perda imprimem, indeterminadamente, sobre tudo e sobre todos.

É no escritório do escritor que a palavra experimenta o prazer e a dor de gerar novos sentidos para a língua, produzindo outras linguagens e é, também, lá, no escritório do escritor, que o homem descobre que o mundo e a vida são feitos de palavras e que essa matéria, a mais plástica das matérias do artifício humano, pode construir ou destruir mundos e vidas.

A Sala de Aula como Oficina de Literatura[14]

Faça da sala de aula uma oficina de literatura estimulando o gosto literário nos alunos, afinal o que o bom texto precisa é de afinidade com o leitor. Uma das missões do professor de literatura é criar essa afinidade.

Qual a professora ou professor de literatura que não gostaria de tornar cada aluno seu em esmerado leitor dos bons textos literários? É sonhar alto? É pedir muito nos dias atuais de acirrada *concorrência* dos textos literários com outros tantos textos? Talvez, não.

Um bom começo é desfazer o equívoco de que as outras naturezas de textos competem com o bom texto literário. Este dialoga com qualquer possibilidade textual, em qualquer suporte, do tradicional de papel impresso, no formato livro, ao eletrônico, nos moldes de um *blog*, por exemplo, para não dizer ainda das diversas interfaces entre o bom texto literário e as outras artes e técnicas, como a encenação teatral, o canto, a música instrumental, a dança, o circo, o desenho, a pintura, a escultura, o cinema, a televisão, enfim, toda a diversidade de artifícios artísticos e culturais criados até hoje para representar e apresentar pessoas, vidas e mundos a outrem por meio de temas, enredos e narrativas.

---

[14] Artigo publicado na revista *Conhecimento prático literatura*, nº 38, pela Editora Escala, de São Paulo, 2011.

Desfeito o equívoco; mais uma questão cultural, antropológica, de assimilação e adaptação às novas tecnologias da informação da sociedade atual, intensamente tecnônima (tecnicista), do que uma possível desvantagem para o texto literário, sobretudo se for bom, volto a frisar e aí, sim, ao contrário, a literatura dialoga com plena competência com todos os campos do saber, fazer e do lazer, no tempo e no espaço, sobretudo na temporalidade e espacialidade de hoje, frente ao pluriculturalismo e diversidade de convívio das diferenças que perfazem a matéria humana, material por excelência de toda e qualquer literatura em seu teor de vida, fabulações, repertórios, crescimento, travessias, contradições, conflitos, dúvidas, angústias, lutas, lembranças, conquistas, paixões, amores, sonhos, prazeres, dores, abandonos, solidões, perversões, fetiches, chegadas, partidas, esquecimentos, derrotas, superações, fenecimentos e mortes.

Cabe ao professor, ao entrar em *sua* sala de aula, fazer desta um laboratório do mundo e mostrar aos *seus* alunos que o texto literário é bem mais do que pura invenção imaginosa de alguém criando enredos distantes da vida e do mundo próximos de cada um, servindo apenas de leitura *obrigatória* e torturante para cumprir mera e parca *interpretação* a serviço de conteúdos programáticos elaborados por tecnocratas da educação, que na maioria dos casos jamais habitaram uma sala de aula em sua plena e humana dinâmica. Esse pobre coitado chamado *professor*, tão desprestigiado pelo Estado, tão sucateado e tornado descartável por seguidas e repetidas políticas públicas, ignorantes e perversas do papel desse cidadão e profissional essencial em qualquer sociedade: o mestre, o professor, o educador, precisa com urgência retomar o leme da *sua* sala de aula e fazer valer, para viger, o pronome possessivo que aqui emprego com ênfase, para que a sala, de aula, verdadeiramente volte a ser *sua*.

É nesse contexto que a sala de aula se transforma em verdadeira oficina de literatura; vale dizer, de vida e mundo. Sim, porque mexer com a vida e o mundo... Trazer o mundo e a vida para dentro da sala de aula, arrancado de cada texto literário em sua riqueza de linguagem e mimese. Arremessar o aluno para dentro do texto de literatura por meio do reconhecimento de elementos tirados da sua realidade cotidiana e local. Provocar, estimular e alimentar a discussão crítica sobre isso, fazer o aluno falar a partir do texto literário, certamente ele logo perceberá que estará falando de si e dos seus, do seu lugar, que não é tão distante de tantos outros lugares, sobretudo dos lugares literários dos textos.

A sala de aula, assim vista e tratada, encena o burburinho dos textos ricos da literatura; reproduz os barulhos das cenas literárias; a babel de vozes de personagens, os mais diversos, alguns clássicos, outros bem moderninhos e, até alguns tantos, pós-moderninhos, quiçá! A sala de aula... , digamos, como fragmento do mundo, de qualquer mundo: do terceiro, do segundo, do primeiro... , tanto faz! Faz diferença? A literatura descortina a tudo. Não há mundo para debaixo do tapete no bom texto literário e na percepção aguçada do leitor bem formado e atento. E é disto que a nossa sociedade brasileira precisa. Precisamos de salas de aula e de literatura, cada vez mais, nas aulas das salas.

Como fazer? Certamente é a questão até aqui. Uma sugestão eficaz é escolher dentre os gêneros literários disponíveis desde quando Aristóteles[15] desenvolveu a teoria sobre gêneros literários em sua *Arte poética*[16], pois bem, dentre os gêneros de textos literários de lá para cá, surgiu um, que, sobremaneira se amolda ao trabalho em sala de aula com a realidade das realidades de todos nós: a crônica. Texto curto, coloquial, quase conversa; fofoca mesmo entre vizinhos de rua. A crônica fala do cotidiano, das cercanias do nosso bairro, da nossa cidade, do nosso estado, do nosso país, do nosso mundo. Sim, porque no texto da crônica o mundo inteiro pode virar o quintal da nossa casa ou a sacada do nosso apartamento nas proximidades do nosso tempo.

A crônica gera menos impacto inicial de leitura literária do que outros gêneros. Há muita proximidade entre o texto e o leitor na crônica. O diálogo flui, porque frui. Saber e sabor se conjugam na crônica, sem problema algum, em deliciosos temperos capazes de satisfazer os mais exigentes paladares, mas também os mais despojados. A crônica é como arroz com feijão, carne seca desfiada com abóbora e uma farofinha, com torresmo e linguiça, fina iguaria gastronômica, diria o Rosa[17], servida no prato mais corriqueiro, ao alcance da mesa de qualquer um do povo que tem fome na hora do almoço ou da janta. Sirva então um suculento prato de crônica aos seus alunos e observe o apetite brotando...

---

[15] Aristóteles, nasceu na Grécia em Estagira, 384 a.C., foi aluno de Platão, professor de Alexandre, o Grande, pensou e escreveu sobre praticamente tudo em seu tempo, exerceu grande influência na construção do conhecimento ocidental e ainda não se pode palestrar muito sem que não se refira ao velho pensador grego, morreu em Atenas no ano 322 a.C.

[16] Disponível em: < http://www.pacc.ufrj.br/arquivospdf/poeticaaristoteles.pdf >. Acesso em: 06 jul. 2011.

[17] João Guimarães Rosa dizia que a comida mineira de fogão a lenha é fina iguaria gastronômica.

Mostre, como bom cozinheiro das palavras, que todo professor de literatura deve ser, o valor nutritivo do texto, os nutrientes de cada trecho, os distintos sabores, cheiros, cores e texturas, deixe que os seus alunos saboreiem tudo isso ao som de músicas dos seus agrados e verá como logo, logo eles chegarão ao velho Machado[18], a começar pela crônica, da qual o *bruxo do Cosme Velho*[19] é um verdadeiro mestre! E aí será uma festança... em plena sala de aula!

Gostaram da sugestão? Se sim, escrevam para a revista, enviem *e-mail* para mim e poderemos prosseguir nessa discussão para que a sala de aula seja cada vez mais o grande lugar da literatura, pois é dentro da sala, além de em outros tantos lugares, mas, sobretudo, na sala de aula, que o texto literário deve ser lido em voz alta e discutido com o mesmo calor das discussões sobre futebol e carnaval aliás, vale lembrar aqui as ótimas crônicas de

[18] Machado de Assis, um dos maiores escritores brasileiros de todos os tempos, literariamente polivalente, autodidata, dono de estilo impecável, escrita profunda e vasta obra, nasceu e morreu no Rio de Janeiro (1839-1908), casado com Carolina Augusta, seu amor de vida inteira, verdadeira mãe, irmã e esposa, a quem após a morte o fez definhar até morrer, quatro anos depois, tendo antes lhe dedicado o soneto *A Carolina*, tido por Manuel Bandeira como um dos textos mais comoventes da literatura brasileira.

[19] Conta a lenda literária que Machado de Assis cultivava o hábito de incinerar a papelada inútil num velho caldeirão, algo como verdadeiro ritual, provocando na curiosidade dos vizinhos a alcunha de *O bruxo do Cosme Velho*. Nesse tempo o casal passou a morar na Rua Cosme Velho, 18 no aristocrático bairro carioca Cosme Velho, daí a referência.

João Saldanha[20] e Armando Nogueira[21], dois grandes mestres da crônica literária esportiva em nosso país e merecedores de cuidadosos estudos.

[20] Homem polêmico, João Saldanha foi filiado ao Partido Comunista Brasileiro, formado em Direito pela UFRJ, foi jogador de futebol do Botafogo, como treinador levou a Seleção Brasileira a se classificar para os jogos da Copa do Mundo de 1970, como cronista de jornais foi um craque no gênero, fez programas de rádio e televisão, nasceu em Alegrete, cidade gaúcha, em 1917 e morreu em Roma, *A Cidade Eterna*, em 1990, em plena Copa do Mundo, como jornalista pela rede Manchete. Sugestão de leitura: SALDANHA, João. *Futebol & outras histórias*. Rio de Janeiro: Record, 1988.

[21] Outro craque do gênero crônica no universo do futebol, Armando Nogueira, também polêmico e de atitude firme marcou a sua vida nos jornais, rádios e televisões, exercendo pioneirismo fez escola no jornalismo, foi demitido da Globo por peitar Roberto Marinho na manipulação a favor de Fernando Collor candidato à Presidência da República, dono de estilo elegante, criativo e de linguagem bem própria escreveu crônicas que merecem estudos por suas qualidades literárias, nasceu na mesma localidade de Chico Mendes, Xapuri, no Acre em 1927 e morreu no Rio de Janeiro em 2010. Sugestão de leitura: NOGUEIRA, Armando. *O homem e a bola*. Rio de Janeiro: Globo, 1986; ______. *A ginga e o jogo*. Rio de Janeiro: Objetiva, 2003.

Literatura Cidadã[22]

Nem só para o entretenimento e a erudição existe a literatura. O texto literário é ferramenta para ler o mundo e a vida em sociedade e melhor construir a cidadania

Na história das sociedades a literatura sempre ocupou papel essencial. Fundada na tradição oral, bem mais tarde na potência simbólica da escrita o enredo literário construiu civilizações que marcaram a história legando aos dias de agora uma procura atávica pela linguagem em uma sociedade fulcrada pela comunicação apressada e apelos visuais subliminares.

Em meio a tal semiose prolifera o discurso político falacioso criando ambiência de exclusão e opressão do cidadão, desestabilizando os estatutos humanos básicos, tais quais os de acesso à educação e cultura, saúde e moradia.

Diariamente somos vazados por essa simbologia perversa que se instala em nosso cotidiano desalojando os nossos últimos fragmentos ideológicos se não cerrarmos vigília em nossas convicções pessoais a nos arremeter na busca e construção de um mundo melhor distribuído entre as partes em desigualdade.

Num mundo assim não basta somente ser alfabetizado e aprender a ler mecanicamente frases feitas e clichês reproduzidos às turras

[22] Artigo publicado na revista *Conhecimento prático literatura*, nº 31, pela Editora Escala, de São Paulo, 2010.

pelos mecanismos massificantes da linguagem manipulada por interesses corporativistas de agenciamento das mentes. Dessa alfabetização funcional, tão nociva quanto o decantado analfabetismo funcional brasileiro precisamos nos libertar e viger a nossa inserção na sociedade e, sobretudo transformá-la a partir da nossa transformação na qualidade de sujeito social, ancorado em sua dimensão cultural genuína de ser.

A proposição voltada para uma leitura crítica das realidades, de nossa realidade, encontra na literatura, amplo instrumental para fazer da leitura do texto literário ferramenta de excelência para a transformação individual e coletiva da sociedade.

O texto literário por sua complexidade e natureza conotativa exige e desenvolve no seu ledor a capacidade analítica de entrelinhas das mensagens, do intertexto, afiando o olhar para o que é dito no que não está escrito, ensaiando a imaginação além texto na descoberta de contextos possíveis carregados a partir da escrita e das suas rasuras, provocando a imaginação a pensar soluções semânticas de interpretação dos significados em decorrência do processo analítico.

Surge assim o conceito de *literatura cidadã* que proponho para a leitura literária como ferramenta de leitura necessária ao sujeito em sua construção pessoal e social de cidadania, movendo conscientemente os seus passos nos labirintos políticos de uma pós-modernidade polissêmica, polifônica, multifacetada num pluriculturalismo no qual as vozes, olhares e gestos mais se resvalam, desviam e se perdem do que se encontram.

Do mesmo modo que a leitura e a escrita demandam a alfabetização do indivíduo, a literatura cidadã requer a *literalização* desse, o que não deixa de ser uma "alfabetização literária", construindo passo a passo percursos de leituras e escritas literárias, potencializando a capacidade de assimilação e expressão das palavras do discurso aplicadas à reflexão sobre o cotidiano e o seu processo histórico de construção.

A ferramenta consiste em estimular e desenvolver a leitura analítica do texto literário no contexto da diversidade social de vida e mundo na sociedade, amplificando o entendimento do papel do sujeito como construtor e responsável da marcha histórica social, contemplando, por um lado, a responsabilidade nas ações produzidas e, por outro, a criatividade nessas ações legando alternativas para uma nova ou renovada cartografia da cidadania exercida a partir do melhor domínio da linguagem e consequentemente da língua nacional aprimorando no cidadão a percepção e práxis da cidadania.

O que proponho, a não ser pelo título emprestado da pompa acadêmica, obcecada por conceituações vaidosamente indecifráveis, não é novidade alguma uma vez que a ideia e prática da leitura de textos literários para aguçar a mente e o espírito na lida com as vicissitudes da vida e do mundo são tão antigas quanto talvez a origem da leitura, pois qual a civilização letrada que não teve na história da sua construção cultural e política uma reunião de pessoas para ler e discutir um texto qualquer inspirado pela sensibilidade perceptiva de alguém?

Assim nasceram as rodas de leitura literária, essa prática tão simples na feitura e tão encantatória em seu ritual coletivo de celebração da palavra poética passada de voz em voz na voz de todos, na leitura em voz alta. Não há nada mais de tão proveitoso no prazer do que a partilha da beleza e da força de um texto literário na comunhão da leitura com o outro. O benefício desse vigor coletivo que só é possível na reunião de pessoas movidas pela atração da palavra em seu magnetismo (força lexical) e magia musical (fonética), signal[23] (semiótica), conotativa (semântica), encantatória (poética) e reflexiva (filosófica) não encontra escala de comparação nos ritos da pós-modernidade, basta lembrar as rodas de leituras promovidas em diversos países com a presença do autor e o público de leitores, que, após, quando se vai para o mundo em seu cotidiano carrega para sempre a força da leitura e do encanto do encontro em seus corações e mentes, transformados para sempre.

Tão despojada e tão mágica e transformadora em seu poder de imersão e catarse pessoal e coletiva, a roda de leitura literária em voz alta pode fazer por nossa construção individual e social de cidadania o que mais de cem anos de república não conseguiu fazer por nós, em que pesem os incontáveis discursos de políticos proferidos das tribunas, para sonolentos ou barulhentos públicos quebrando o decoro, a ética e, sobretudo, a nossa paciência na demorada espera de um país repetidamente prometido para amanhã.

A cidadania não pode mais esperar e quer o agora para ler o Brasil em suas relações internas e externas. Que tal então organizar

---

[23] Palavra que busquei ressignificar para referência ao que advém de signo.

uma roda de leitura *literatura cidadã* em seu trabalho, sua igreja ou templo, sua escola, sua faculdade, sua comunidade, seu condomínio, sua rua, seu bairro, sua cidade?

Escrevam para mim[24] e para a *Conhecimento Prático Literatura*, pois essa roda de leitura literária é nossa.

[24] <italomeneghetti@outlook.com>.

Antônio Torres: um Escritor com um Pé na Estrada e outro na Linguagem[25]

O nomadismo da linguagem ficcional de Antônio Torres amplia a noção de espaço na construção romanesca contemporânea da literatura brasileira fazendo o leitor viajar na fronteira entre o papel e a imaginação.

"Eis-me de regresso a essa terra de filósofos e loucos, a começar pelo meu pai, que disso tudo tem um pouco." Com essas palavras Antônio Torres[26] abre a cena do seu livro *O cachorro e lobo*[27], segundo romance de uma trilogia que tem início com *Essa terra*[28] e, provisoriamente, termina com *Pelo fundo da agulha*[29]. Ótima pegada literária para começar a página em branco, angústia de todo escritor, mas que, para o baiano do Junco é sempre o ponto de partida lúdico para mais uma viagem dentre as tantas que já empreendeu nos caminhos da linguagem, quando espaço na ima-

[25] Artigo publicado na revista *Conhecimento prático literatura*, nº 25, pela Editora Escala, de São Paulo, 2010.

[26] Antônio Torres escreve desde 1972, com 18 livros lançados no Brasil, alguns traduzidos em diversos países, premiado no Brasil e exterior, forte candidato à ABL pela qualidade do conjunto da obra reunida nos gêneros romance, conto e crônica. [Em 2013 foi eleito por quase unanimidade dos votos para a ABL, ocupando a cadeira 23, que tem por patrono José de Alencar e primeiro ocupante Machado de Assis].

[27] TORRES, Antônio. *O cachorro e o lobo*. 2. ed. Rio de Janeiro: Record, 1997, p. 7.

[28] TORRES, Antônio. Essa terra. 15. ed. Rio de Janeiro: Record, 2001. Atualmente (no ano de 2010) na 23ª edição brasileira, com mais de 150 mil exemplares vendidos e traduzidos para a França, Alemanha, Itália, Holanda, Inglaterra, Estados Unidos e Israel.

[29] TORRES, Antônio. *Pelo fundo da agulha*. Rio de Janeiro: Record, 2006.

ginação e convite permanente ao imaginário dos leitores.

Juan Rulfo (1917-1986), consagrado escritor mexicano em seu brilhante *Pedro Páramo*[30] também desloca o seu protagonista no espaço para declarar, logo na primeira linha, o seu tom inquietante de uma escrita nômade buscando lugares e gentes para dar ambiência à narrativa, espacializando o texto, arrancando o leitor da sua cômoda poltrona ou divã, puxando-o para a estrada, no pó divagador da linguagem – "Vine a Comala porque me dijeron que acá vivía mi padre, un tal Pedro Páramo. Mi madre me lo dijo. Y yo le prometí que vendría a verlo en cuanto ella muriera.".

Em algumas entrevistas Antônio Torres declara a sua admiração por Juan Rulfo e, não por obra do acaso as suas escritas buscam processos que se assemelham. Trabalham com a complexidade do espaço local dos lugarejos, que apesar da aparente simplicidade e mesmice encerram em seu teor dramático o mundo. Daí, desde a muito, ficcionistas como Torres e Rulfo deixaram para traz as aparentes cercas da região e ganharam outras terras por força da universalização das suas narrativas.

Afirmar que tais escritores são *regionalistas*, no sentido reducionista, é, no mínimo, desconhecer geografia e a força do lugar como célula do mundo em seu teor humano de conflito e possibilidades. João Guimarães Rosa apostou nisso e criou uma das maiores obras do século 20, fazendo do lugar sertão todo lugar do mundo onde houver alguém no dilema do amor, da vida, da morte e da solidão na existência.

---

[30] Rulfo, Juan. *Pedro Páramo*. México-Barcelona: Editorial RM, 2005.

Antônio Torres, esse nômade contemporâneo das nossas letras, faz de cada criação uma viagem, levando na bagagem, feita de muita pesquisa, memória e lembrança, o seu leitor que o acompanha na poeira da sua linguagem estradeira, misto de caravana em travessia nos desertos do sertão nordestino e andanças na solidão das metrópoles do mundo.

"O mundo é um carro de boi, que vai rodando para a frente, gemendo em cima de um eixo."[31] O deslocamento. A inquietude do movimento. Trânsito. Idas e vindas. Travessia. O nomadismo da linguagem ficcional de Antônio Torres amplia a noção de espaço na construção romanesca contemporânea da literatura brasileira fazendo o leitor viajar na fronteira entre o papel e a imaginação.

A linguagem torresiana brota dos mananciais barthesianos[32], plena de sabor e saber[33], temperada no ludismo com que os grandes escritores preparam as suas iguarias para servir ao paladar sensível e exigente dos convidados à mesa da leitura. E ler é sempre um convite à degustação.

"E lá embaixo está a rua, como o lugar sempre foi chamado, desde os seus tempos de povoado. Virou uma cidadezinha, quieta, silenciosa, enfeitada de árvores e antenas parabólicas – à espera do fim do mundo. Não faz nem meio século que ganhou o *status* de cidade. Mas quantos anos de solidão?."[34]

---

[31] TORRES, Antônio. *Essa terra*. 15. ed. Rio de Janeiro: Record, 2001. p. 141.

[32] BARTHES, Roland. *O prazer do texto*. 5. ed. São Paulo: Perspectiva, 1999.

[33] BARTHES, Roland. *Aula*. 3. ed. São Paulo: Cultrix, 2000.

[34] TORRES, Antônio. *O cachorro e o lobo*. 2. ed. Rio de Janeiro: Record, 1997. p. 215.

Aliando estética apurada de linguagem ao deslocamento quase obsessivo de seus personagens os textos de Antônio Torres são feitos de amplidão acolhendo toda a nossa ânsia essencial por andar com os pés, o olhar e a imaginação os lugares do mundo, feitos de vilarejos e metrópoles, por onde todos caminham e passeiam com o que nos faz um só e o mesmo em todos os lugares: a presença e ausência com que nos brindam a vida e a morte seja qual for a vida, qual seja a morte.

"Agora refaço o caminho com a certeza de que não é mais o mesmo. Parece intransitável, tantos são os seus buracos e regueirões. Por aqui passavam carros de bois, tropeiros, vaqueiros, cavaleiros endomingados, homens, mulheres e meninos, à pé, em bando, e também caminhantes solitários".[35]

A geografia do espaço em Antônio Torres é complexa demandando cuidadoso estudo teórico do seu universo construído na largueza de muito chão e afeto, sugerindo uma das mais afetivas geografias ficcionais da literatura brasileira, ao lado da produzida por João Guimarães Rosa, onde a dimensão sertaneja rompe todas as fronteiras e se humaniza em cada homem de cada lugar.

---

[35] TORRES, Antônio. *O cachorro e o lobo*. 2. ed. Rio de Janeiro: Record, 1997. p. 133.

A Escrita Híbrida de Alberto Pucheu[36]

Quando ensaio e poesia se confundem na *fronteira desguarnecida pelo colorido, para além do cinzento nos entornos interventivos* dos gêneros literários.

Quem pensa que o texto científico não dialoga intimamente com o texto literário está equivocado ou no mínimo ultrapassado. Além de conversarem animadamente nas esquinas das ideias e das palavras, costumam namorar nos becos noturnos da escrita, num jogo de sedução quando se confundem aos abraços e beijos na maciez corpórea do papel ou na luminosidade etérea da tela do plasma líquido, transgredindo os protocolos dos gêneros literários, das estéticas de épocas, dando sensibilidade humana ao método científico em suas normas e regras, rompendo fronteiras para habitar a linguagem na dimensão híbrida das interfaces.

Alberto Pucheu se desloca nos espaços acadêmicos com a mesma desenvoltura com a que frequenta os redutos de poesia das cidades. Seja das salas de aula da sua Universidade Federal do Rio de Janeiro ou de um barzinho *cult* da Lapa, a sua rubrica poética flerta com a sua semiose científica, num misto grego de nostalgia filosófica, quando ainda não havia somente poesia, nem unicamente ciência, mas apenas vigia a força holística da Filosofia.

Para esse doutor em *Ciência da Literatura*, ao mesmo tempo em que mestre e bacharel em *Filosofia*, vale mesmo é o poeta que

[36] Artigo publicado na revista *Conhecimento prático literatura*, nº 27, pela Editora Escala, de São Paulo, 2009.

não teme olhar nos olhos o cientista e o filósofo em Alberto Pucheu e pedir mais um parágrafo em verso ou mais um verso em prosa, todos da mesma lavra humana da escrita sensível capaz de sentir a pele nua da palavra no ensaio sem receio de rimar razão e coração no mesmo texto, pois para ele "tocar a alma ou tocar em nervos é o que exige um ensaísmo poético, uma teoria literária e uma crítica poética contemporânea, que, pela acomodação do tema em sua escrita enquanto obra, tem o impacto do assunto turbinado, levando a plena força do sentido, provinda da potência vital, a atravessar, desde a primeira instância, a alma, o coração ou os nervos do leitor". [37]

O ensaísta Alberto Pucheu é esse fazedor de emoção em meio ao racionalismo da crítica literária, nem sempre objetiva e justa como é de se supor, quando obra da razão. Não raro a crítica, sobretudo a crítica brasileira, costuma ser parcial em suas investidas analíticas, bem mais interpretativas (e interpelativas) do que deveria ou ao menos se esperaria, aniquilando, por vezes, talentos ou congelando gênios em seus gêneros e estilo, como foi o caso de Lima Barreto, durante muito tempo um dos grandes esquecidos da academia (e, também, da Academia Brasileira de Letras).

Para Alberto Pucheu o ensaísmo crítico não pode ser uma escrita sem a estética do sensível, isto é, uma escrita incapaz de apreciar os valores em jogo que analisa e julga. Relembrando Antonio Candido, Pucheu afirma que "tendo percorrido inúmeros aspectos da crítica, ninguém melhor do que ele [Antonio Candido]

---

[37] PUCHEU, Alberto. *Pelo colorido, para além do cinzento* (a literatura e seus entornos interventivos). Rio de Janeiro: Beco do Azougue, 2007. p. 11.

para mostrar o limite, ou seja, o ponto máximo de extensão, em muitos casos, inconsciente, enfrentado por ela. Este limite sintomático aparece quando, por exemplo, parafraseando um conceito de Mefistófeles[[38]], afirma que *a crítica é cinzenta, e verdejante o áureo texto que ela aborda*, ou, então, quando, ao fim de uma palestra sobre Machado de Assis, confirmando o complexo de rebocado ou a típica síndrome cinzenta da crítica literária com sua disciplina objetivista que supõe o poético como autônomo e exclusivo, declara: *O melhor que posso fazer é aconselhar a cada um que esqueça o que eu disse, compendiando os críticos, e abra diretamente os livros de Machado de Assis*". [39]

Raramente encontro na escrita de um ensaísta o poeta tão presente na intensidade reflexiva do filósofo. Parece que as três vozes se confundem em Alberto Pucheu produzindo um efeito híbrido em seus textos, como em *Nietzche: este e outros de seus apelidos,* quando de um só fôlego, como em narrativa em fluxo de consciência, Pucheu arranca de um só parágrafo quase todo o seu poético ensaio de quatro páginas sobre a nossa natureza identitária, em apelidos dos nomes que por vezes somos, por outras, não, nessa nossa transição permanente de sujeitos... "Não conheço seu nome, apenas seu apelido: friedrich nietzsche. Na lombada de um livro, pode ser ele, ou, então, simplesmente: nietzsche. Mas não conheço seu nome, apenas seus apelidos. Olho para a

[38] Além de simbolizar a encarnação do mal, Mefistófeles na literatura é personagem-chave nas diversas versões de *Fausto* (pactário com o demônio em busca de juventude, paixão e novo sentido para o conhecimento desacreditado do seu tempo).

[39] PUCHEU, Alberto. *Pelo colorido, para além do cinzento* (a literatura e seus entornos interventivos). Rio de Janeiro: Beco do Azougue, 2007. p. 14.

estante; no dorso de outro livro, leio: friedrich wilhelm nietzsche". [40]

Em *O brilho dos destroços de um naufrágio esquecidos do mar (Giorgio Agamben e Machado de Assis: da linguagem da experiência à experiência da linguagem)*, Alberto Pucheu toca pujante a pele sensível da palavra que encorpa o pensamento literário ensaístico no empréstimo de sentidos extraídos dessa urdidura que é fazer ciência da literatura na nervura poética do pensamento que é quando filosofia, poesia e ciência rompem o máximo da tensão, desguarnecem fronteiras e irrompem palavra adentro e afora na qual "habitar a linguagem em seus limites é fazer a experiência do que, nela, além de um indizível e aquém de um suposto dizível para além dos nomes, é sua matéria, desassentada num vazio que os poetas e os filósofos teimam em fazer aparecer. Dizer, portanto, os nomes, na caravana da sintaxe que cruza a solidão desértica do mundo com a vã esperança de lhe dar um sentido. Ou, sobretudo, dizer sem a esperança de dar um sentido último ao mundo, dizer, desesperada e inesperadamente, o vazio robusto da matéria da linguagem. Aqui, a poesia, a filosofia e suas fronteiras desguarnecidas se realizam quando elas não têm mais nada a contar, senão a força do narrar – a pura potência da linguagem a cada vez presentificada. Seja estilha ou máscara, autopropulsionadora , a experiência da linguagem instaura o pensamento no vigor de sua *ilatência*, no qual, submetido, o homem habita". [41]

O hibridismo da linguagem desse poeta que caminha pelas ruas

[40] Id. Ibid., p. 43

[41] PUCHEU, Alberto. *Pelo colorido, para além do cinzento* (a literatura e seus entornos interventivos). Rio de Janeiro: Beco do Azougue, 2007. p. 105.

vasculhando becos de palavras como um filósofo em pleno trânsito lexical do pensamento encontra em algum lugar o cientista pasmo e mudo diante da banalidade do mundo, tão rigorosamente sem lógica e sentido que só mesmo vivendo, pois "há poetas que até sabem escrever, mas como pensam mal! E filósofos que até sabem pensar, mas como lhes falta o ímpeto da criação! A esses dois casos, prefiro a conversa fiada das ruas, onde descubro mais poesia, mais pensamento, do que em muitos poemas e textos que leio por aí". [42]

[42] PUCHEU, Alberto. *A fronteira desguarnecida*: (poesia reunida 1993-2007). Rio de Janeiro: Beco do Azougue, 2007. p. 198.

Heins Dieter Heidemann um Viajante de João Guimarães Rosa entre a Literatura e a Geografia do Sertão[43]

O geógrafo alemão mais mineiro da USP nos caminhos do escritor mineiro mais germânico do Itamaraty, percorrendo a geografia poética das palavras em busca do mapa dos lugares do *Grande sertão: veredas*.

Quando o encontrei da primeira vez, no Departamento de Geografia da Universidade de São Paulo (USP), pensei que estivesse, numa dessas brincadeiras borgeanas do *tempoespaço*, diante de um daqueles grandes viajantes naturalistas das descobertas pioneiras do novo mundo. Elegantemente vestido com seu colete bem talhado, cabelos brancos, quase revoltos, como os de um Beethoven, contrastando com as faces rosadas e o seu indefectível cachimbo, de fumo aromático, pitado com todo o rito de um caboclo sertanejo das *Minas Geraes*. E quando começou a falar – primeiro ouvindo atentamente o que me levou até ele – a sua voz tinha o tom e o ritmo dos contadores de causos das veredas e eu não pude deixar de pensar: estou em casa, diante de gente minha!

Entre o metódico geógrafo e o leitor apaixonado por João Guimarães Rosa, o sertão mineiro e as coisas do sertão existe um pesquisador híbrido capaz de cruzar com naturalidade as traiçoeiras fronteiras disciplinares da ciência e dialogar como simples mortal, sem arrogância e sem pedantismo, em sua travessia de

---

[43] Artigo publicado na revista *Conhecimento prático literatura*, nº 28, pela Editora Escala, de São Paulo, 2010.

buscador dos fragmentos do mundo, com as pessoas, as coisas e os lugares, produzindo uma espécie de conhecimento lúdico que se irradia como um bom *causo* sertanejo, desses que se conta rosianamente, a boca pequena, no derredor de uma fogueira, nas noites frias do cerrado.

Heins Dieter Heidemann[44] e a sua mulher, Marily da Cunha Bezerra[45], dentre as muitas andanças por textos e lugares do Rosa foram aos poucos fazendo do sertão mineiro a própria travessia da vida e por lá desenvolveram importante trabalho entre geografia, literatura e cinema a partir dos textos do peculiar e genial escritor de Minas. Nas proximidades do Morro da Garça montaram a sua *casa sertaneja*, maneira como sempre se referiram num misto de orgulho e prazer do sonho *matuto* realizado.

Foi um momento especial em minha vida, encontrá-los com descontração numa tarde já perdida nas datas de fim de 2006, no campus da USP, durante a cerimônia de lançamento do *Dossiê Guimarães Rosa*, comemorativo pelos cinquenta anos da publicação de *Grande sertão: veredas*, com direito ao CD *Sons do grande sertão*, sob a direção musical do professor de viola caipira da Faculdade de Música da Escola de Comunicação e Artes da USP, Ivan Vilela, como encarte na revista *Estudos Avançados*,

---

[44] Heins Dieter Heidemann é professor adjunto do Departamento de Geografia da Faculdade de Filosofia, Letras e Ciências Humanas da USP. Contato: <heideman@usp.br>.

[45] Marily da Cunha Bezerra, roteirista e diretora, membro da Diretoria Cultural do Circuito Turístico Guimarães Rosa, Coordenadora Geral do projeto Guimarães Rosa: Lugares - em busca do "quem das coisas".

número 58[46], além da deliciosa apresentação musical e convívio com todos aqueles amantes do Rosa.

E lá, naquela tarde, seguimos até o estacionamento, entardecer gostoso, de onde nos despedimos com a promessa feita por Marily de assistirmos o seu curta-metragem *rio de-janeiro, minas*[47], reescrevendo para a linguagem do cinema pungente episódio do *Grande sertão: veredas*, entre Riobaldo e Diadorim, ainda adolescentes, quando liricamente se conheceram, plenos de estranhezas e mistérios. Liguei o motor da minha van diesel, estradeira, vindo para Ribeirão Pires, onde moro. Eles, pouco mais tarde, de férias, para a *casa sertaneja*. Ficou a promessa.

No artigo que escreveram para o *Dossiê Guimarães Rosa*, na abertura, na página sete o título *Viajar pelo sertão roseano é antes de tudo uma descoberta* sugere o deslocamento lúdico no mapeamento das palavras encantatórias da magia sertaneja de João Guimarães Rosa em seu plano e obra de verdadeira alquimia da linguagem. Ainda na página sete, logo no início eles escrevem: *As descobertas são do lado de dentro ou de fora, do avesso ou do direito, de cima ou de baixo, de ontem ou de amanhã? Para quem tenha olhos para ver e ouvidos para ouvir, a geografia e a ficção se misturam e envolvem o viajante.* E no parágrafo seguinte é Marily quem fala-escreve: *Para a viajante que fez a primeira viagem por Minas, num ônibus do curso colegial, acompanhada da primeira edição de "Corpo de baile", reconhecendo a paisa-*

[46] Estudos Avançados / Universidade de São Paulo. Instituto de Estudos Avançados. vol. 20, n. 58 (2006) – São Paulo: IEA, 2006.

[47] Disponível em: www.youtube.com/watch?v=EkD5wfUl02c. *Acesso em: 18 nov. 2009.*

gem externa e vivenciando a interna no Mutum, com Minguilim, Dito, Mãe, tio Terez, parecia uma viagem sem volta. Ou com infinitas voltas.

E, aqui, eu estou num dilema, ao escrever sobre Dieter. Algumas palavras... E logo após, Marily se achegou e aconchegou na ternura que encorpa a palavra escrita com o sentimento. Sinto que ela pretende permanecer, afinal os dois sempre amaram e trabalharam o sertão do Rosa em suas especialidades e como se casaram! Portanto, vamos refazer o título do artigo e acrescentar em algum lugar o nome de Marily da Cunha Bezerra. Fica por conta da imaginação de vocês e depois nos escrevam para dizer como ficou. Combinado? Vamos em frente, então!...

Curioso como Dieter faz da Geografia passagem direta para a Literatura, sem se demorar nos protocolos, nem sempre alentadores, dos cânones, mas de modo simples e inteligente, elegendo veredas de onde a paisagem textual se torna mais clara e arejada como em *O que acontece nesses lugares que atrai cada vez mais pessoas de fora? Certamente são forasteiros que têm o sertão dentro de si, que são sertanejos como Guimarães Rosa definiu para o entrevistador Günter Lorenz. É gente que tem saudade do que nunca viveu e uma sede de um mundo primordial não corrompido, onde ainda há o que* fazer.

Geógrafo e cineasta, Dieter e Marily, ouviram o recado de *O recado do morro* e pioneiramente contribuíram para a reorganização do espaço daquele lugar onde *solitário, escaleno e escuro, feito uma pirâmide*, impera o Morro da Garça, ainda, até hoje, referência segura para viajantes, da paisagem e do papel. Conforme escrevem *Chegar por meio da literatura, buscando um morro que é personagem de um conto, de uma estória inventada, ou nascer ali: visões diferentes, fortes, emocionantes, que geram amizades, projetos e brincadeiras*, como o projeto *Guimarães Rosa: lugares*, patrocinado pela Petrobras, na qual Marily e Dieter, além de tanta gente boa, que se uniu no entorno do Rosa e do seu morro, para transformar definitivamente o lugarejo mineiro de Morro da Garça, quando possivelmente o recado chegou ao seu termo.

Maio de 2009, convidando Dieter para uma palestra e apresentação do curta-metragem da Marily, foi que fiquei sabendo... A ideia era trazê-los para a Primeira Festa Literária do ABCD em Ribeirão Pires, uma iniciativa conjunta minha, de J. A. Ramos, Sérgio Simka e de todo o pessoal da Gerência de Cultura de Ribeirão Pires que não fez por menos e abraçou a ousadia. Queríamos o Rosa na festa, na pessoa do Dieter e da Marily. Veio somente o Dieter e trouxe naquela tarde de sábado em sua bagagem o *rio de-janeiro, minas* que exibiu com o brilho úmido dos que amam o que fazem e amam...

A cineasta Marily da Cunha Bezerra, pouco depois do nosso primeiro e único encontro na USP, havia ficado *encantada*.

Salgado Maranhão, o Lapidador de Palavras[48]

A palavra busca o poeta em seu cotidiano e o surpreende nas coisas comuns como esteta e homem em sua jornada de escrita e ação na vida e no mundo.

Certa vez, conversando por telefone com Salgado Maranhão[49], ele me contava todo entusiasmado da sua primeira viagem à Paris. Disse-me naquele seu tom vibrante de voz que ao chegar ao aeroporto, logo entrou num táxi e pediu ao motorista para tocar para o cemitério da cidade e lá chegando foi direto ao túmulo de Charles Baudelaire se apresentar e pedir a benção do grande poeta para adentrar Paris.

Salgado Maranhão é assim, homem insólito de gestos imprevisíveis, quanto imprevisível é a sua poesia. Seus passos não obedecem à outra lógica que não a poética. O traçado do seu cotidiano é feito dessa matéria instável e sempre por um fio, que é

---

[48] Artigo publicado na revista *Conhecimento prático literatura*, nº 29, pela Editora Escala, de São Paulo, 2010.

[49] **Salgado Maranhão** (José Salgado Santos) nasceu em Caxias, no Maranhão e desde 1973 vive no Rio de Janeiro. Cursou Jornalismo na PUC-RJ. É terapeuta corporal. Editou seus primeiros poemas na antologia *Ebulição da escrivatura*, publicada pela Civilização Brasileira, em 1978. Depois disso publicou: *Punhos da serpente*, *Palávora*, *O beijo da fera*, *Mural de Ventos* e *Pelagem da Tigra*. Prêmio Jabuti de Poesia, 1999. Também letrista de música popular brasileira, tem parcerias e gravações com Paulinho da Viola, Ivan Lins, Ney Matogrosso, Elba Ramalho, Zizi Possi, Zeca Baleiro, Moacyr Luz, Xangai, Vital Farias, Elton Medeiros, Zé Américo e Herman Torres, entre outros.

a própria vida. A sua poesia é o dia-a-dia em pleno trânsito das coisas comuns e banais tão essenciais ao espírito humano em seu acontecer de incertezas.

Corda bamba

I) o poeta é mercador
traficante de caminhos
que vende raios,
sinfonias
e horizontes.

frugal mercador de eternidades
– porta a porto –
aos quatro cantos do luar
ao mar
ao ar
sob o tempo
e o temporal.

II) o poeta corre o risco
entre o amor livre
e a palavra.
está sempre atrás do pano
em plena corda bamba
do mistério.
e atravessa submerso as metrópoles
dos olhares
feito um louco solitário
que come fogo.

Quando nasceu ganhou o nome José Salgado Santos e mais tarde, Torquato Neto[50] o batizou nas águas da poesia maranhense *Salgado Maranhão* e de lá para cá, nem José, nem Santos mais se ouviu falar e o garoto José Salgado Santos virou de vez o poeta Salgado Maranhão, nascido das vísceras da palavra e do sal de toda água entre o rio e o mar. E assim foi até chegar ao Prêmio Jabuti de Poesia em 1999, quando alcançou o reconhecimento nacional (e até internacional) por seu trabalho de enfrentamento, mas também de encantamento com a palavra na magia do dizer das coisas, lugares e pessoas sem importância alguma, buscando o sentido perdido, esquecido, vilipendiado, abandonado, jogado fora mesmo, que é quando se faz poesia e sem nenhum constrangimento se é poeta no descuido da razão.

Para ele a palavra procura o poeta e o encontra na sedução semântica do verbo e desse flerte entre a palavra e o poeta nasce o poema, pleno de objetos, sentidos e emoção que em seu corpo curvilíneo de nervuras e sangue lexicais se arremetem ao poeta como o Sol se desfazendo em luz.

---

[50] Torquato Pereira de Araújo Neto, poeta até a morte, viveu intensamente a sua época, amigo de Gilberto Gil desde os tempos de colégio, em Salvador, foi um dos principais mentores intelectuais do Movimento Tropicalista, apelidado *O Anjo Torto* da Tropicália. Amigo também de Caetano Veloso, Maria Bethânia, Gal Costa e outros tropicalistas. Viajou pelos Estados Unidos e Europa, com a mulher Ana Maria, morando em Londres por uma temporada. Nasceu em Teresina, Piauí, em 1944. Um dia após completar 28 anos de idade, ligou o gás do banheiro e suicidou-se. Era 10 de novembro de 1972 e a poesia brasileira chorou. Emocionado às lágrimas, Caetano Veloso compôs para ele *Cajuína* ("Existirmos: a que será que se destina?/Pois quando tu me deste a rosa pequenina/ Vi que és um homem lindo e que se acaso a sina/Do menino infeliz não se nos ilumina/Tampouco turva-se a lágrima nordestina/Apenas a matéria vida era tão fina /E éramos olharmo-nos intacta retina/A cajuína cristalina em Teresina.").

O poeta e as coisas

as coisas querem vazar
o poema
em sua crosta de enredos,

as coisas querem habitar
o poema
para serem brinquedos.

chove nas fibras
de alguma essência secreta
e o poema rasga
a arquitetura
do poeta.

Homem do seu tempo, afeito à temporalidade entre a pressa e a lentidão, sem descuidar do afeto, encontra nas artes marciais orientais e no *shiatsu* a sua calma e calmaria como em seu poema:

Punho da serpente

eu acompanho o movimento da serpente
e seu diálogo com a rã.

é tanto que quando a chama
ao seu seio,
não o faz como quem mata
mas como quem constrói seu ser.

e o faz com tal leveza
que a rã se esquece que é presa
e passa a ser sua irmã.

que no combate
o punho seja assim:
quase uma imaginação.
que entre tão suave
como a nossa afeição.

Performático, quando declama em público os seus poemas, o faz como um cigano no êxtase da dança e não raro sapateia e até sobe na mesa de um bar, se o poema assim o exige. Salgado é esse homem Maranhão feito e refeito na urdidura do tempo em todo o seu espaço de poesia, da mais nobre lavra que um lavrador de palavras pode plantar na poesia brasileira contemporânea. A sua sensibilidade inata, aliada a muito estudo e vivência o ensinou a pegar da palavra, depois de escrita, e decapá-la até a luz na lapidação permanente que só o poeta sabe empreender e as deusas e os deuses gregos o autorizam sob as bênçãos de todos os orixás d'África, como neste poema que vi nascer aos poucos, quando a cada verso novo Salgado me ligava de Angra dos Reis para o celular enquanto eu caminhava nas ruas do Rio de Janeiro ouvindo um dos maiores poetas brasileiros de hoje em seu transe poético de palavra e magia.

Bilro

Para Adriano Espínola

No bilro – em conta-gotas percussivo
como num fio de orvalho rutilante –
enreda-se a rendeira, em gesto altivo,
como se o vôo das mãos dissesse: cante!
E diz, no labirinto remissivo
de linhas que se cruzam conflitantes

pelo refrão de outro tear-arquivo,
que o tempo descostura a cada instante:
o coração, que em sua tecelagem
de ritmos e reveses leva à estiagem
o sopro da existência e sua lenda,
num fluir secreto e com tal voltagem,
que o que se tece já não é a renda,
é a própria vida que se desemenda.

Impressão e acabamento
Gráfica da Editora Ciência Moderna Ltda.
Tel: (21) 2201-6662